U0725474

水库移民后期扶持
绩效评估方法研究

焦红波　李孝林　程立名　著

中国建筑工业出版社

图书在版编目（CIP）数据

水库移民后期扶持绩效评估方法研究 / 焦红波，李孝林，程立名著. —北京：中国建筑工业出版社，2022.6
ISBN 978-7-112-27559-5

Ⅰ.①水…　Ⅱ.①焦…　②李…　③程…　Ⅲ.①水库移民—移民安置—经济绩效—评估方法—研究—中国　Ⅳ.①D632.4

中国版本图书馆 CIP 数据核字（2022）第 110663 号

本书完善了水库移民后期扶持绩效管理理论与方法，为水库移民后期扶持政策实施效果以及后期扶持工作全面评估提供定量评估方法，为水库移民后期扶持绩效提升途径分析与绩效提升措施制定系统分析方法。通过典型区域研究，为水库移民后期扶持政策制定和调整提供决策依据，为地方移民管理机构工作改进提供方向，从而提升水库移民后期扶持项目实施的效果，保障水库移民利益与可持续发展。同样，本研究成果对其他行业的绩效评估和绩效改进措施制定具有一定的理论和实践价值。

责任编辑：朱晓瑜　张智芊
责任校对：李美娜

水库移民后期扶持绩效评估方法研究

焦红波　李孝林　程立名　著

*

中国建筑工业出版社出版、发行（北京海淀三里河路 9 号）
各地新华书店、建筑书店经销
华之逸品书装设计制版
北京中科印刷有限公司印刷

*

开本：787 毫米×1092 毫米　1/16　印张：10¾　字数：210 千字
2022 年 8 月第一版　　2022 年 8 月第一次印刷
定价：50.00 元
ISBN 978-7-112-27559-5
（39558）

前　言

水库是调整和完善水资源配置，服务社会经济发展的重要基础设施。水库的兴建，特别是大中型水库的建设，不可避免会导致移民出现。移民问题不仅是工程建设问题，更是关系社会和谐稳定的政治与社会问题。移民人数动辄数以万计，如何妥善处理往往是政府和社会关注的焦点。作为一种非自愿移民，水库移民安置过程不具备自主选择性。对移民的重新安置不仅改变了广大移民群众的生产生活方式，自然环境和人文环境的改变也会导致诸多心理问题。为了妥善解决水库移民问题，保障移民切身利益，国家先后出台了较为完善的后期扶持政策，为解决水库移民问题发挥了至关重要的作用。截至2018年年底，纳入后期扶持范围的大中型水库移民人数达2486万人，共计拨付后期扶持资金近3000亿元。但是，在水库移民后期扶持中，重投入轻管理、重支出轻绩效等困扰水库移民长远发展的问题依旧存在。

2017年6月，水利部水库移民开发局下发了《关于开展2016年度大中型水库移民后期扶持资金绩效评价试点工作的通知》，要求各省开展本行政区域内2016年度水库移民后期扶持资金绩效评价工作，并将绩效评价作为后期扶持资金使用管理及监督考核的基础。目前，水库移民后期扶持绩效评估体系难以满足新时期下国家治理体系现代化的要求，评估方法有待进一步完善。面对我国"全面实施预算绩效管理"及"水利工程补短板，水利行业强监管"的新形势，如何对现阶段水库移民后期扶持工作进行有效评估，并在此基础上有针对性地提出具体可行的绩效提升措施，以保障、提升水库移民后期扶持项目实施的效果，对落实水库移民后期扶持基金全面预算绩效管理具有重要意义。

本书提出了水库移民后期扶持绩效评估研究总体框架。将水库移民后期扶持绩效评估分为微观层面移民个人增收效果评估和宏观层面移民安置区绩效评估两个层次；构建了水库移民后期扶持增收效果评估面板数据模型。将水库移民后期扶持增收数据的"平行数据"特征和面板数据模型功能结合，以能够直接反应移民收入状况的人均可支配收入作为被解释变量，以影响移民收入的政策性因素（直补资金、项目扶持资金和移民技能培训）和非政策性因素（工资性收入）作为解释变量，构建了水库移民后期扶持增收效果评估面板数据模型；将平衡计分卡和关键绩效指标法与云理论结合，建立了水库移民安置区后期扶持绩效综合评估云模型。综合运用模糊层次分析法和熵权法确定各层级指标权重；考虑评估指标的模糊性和随机性，基于云理论，构建了水库移民安置区后期扶持绩效综合评估云模型；将绩效重要性分析及决策与评价试验室分析方法结合，提出了水库移民后期扶持绩效提升途径分析方法。分析绩效指标间的相互影响关系，确定各指标需要改进的方向；运用构建的绩效提升途径分析方法，分析提出了相应的绩效提升措施。

本书完善了水库移民后期扶持绩效管理理论与方法，为水库移民后期扶持政策实施效果以及后期扶持工作全面评估提供定量评估方法，为水库移民后期扶持绩效提升途径分析与绩效提升措施制定系统分析方法。通过典型区域研究，为水库移民后期扶持政策制定和调整提供决策依据，为地方移民管理机构工作改进提供方向，从而提升水库移民后期扶持项目实施的效果，保障水库移民利益与可持续发展。同样，本研究成果对其他行业的绩效评估和绩效改进措施制定具有一定的理论和实践价值。

本书的出版得到了华北水利水电大学高层次人才科研启动费的资助，特此表示感谢。在本书出版过程中，华北水利水电大学讲师李孝林，研究生张浩、程立名、牛茵茵、张佳超、陈永锐和厉怡楠等对书稿的修改和排版给予了很多帮助，在此一并表示感谢。

由于作者水平有限，书中难免存在不足之处，敬请作者批评、指正。

华北水利水电大学　焦红波

2022 年 4 月

目　录

第1章 绪论

1.1 我国正处于"水利工程补短板，水利行业强监管"的关键时期

1.1.1 水利工程"补短板"拉动我国国民经济的发展

2019年，全国水利工作会议作出了我国治水主要矛盾已经发生深刻变化的重要判断，从人民群众对除水害、兴水利的需求与水利工程能力不足的矛盾，转变为人民群众对水资源、水生态、水环境的需求与水利行业监管能力不足的矛盾。其中，前一矛盾尚未根本解决并将长期存在，而后一矛盾已上升为主要矛盾和矛盾的主要方面，明确了当前和今后一个时期水利改革发展的总基调是"水利工程补短板，水利行业强监管"。2021年的全国水利工作会议再次确定了整个"十四五"时期水利改革发展的重点任务也是"水利工程补短板，水利行业强监管"。

水利工程作为国家重点工程项目，是国民经济的重要组成成分，是提高国民生活质量的重要保障。在过去的十余年间，我国逐渐走上了经济发展的快车道。经济和社会发展的实践证实，在我国当前历史阶段，水利工程与国民经济发展之间存在一种良性互动关系，如图1-1所示。

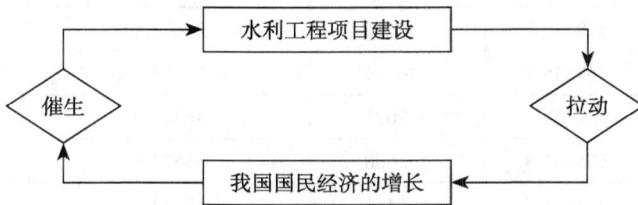

图1-1 我国水利工程建设与国民经济发展的互动关系

由图1-1可知，大规模的水利工程项目建设拉动了我国国民经济的高速增长，使我国经历了新中国成立以来前所未有的既快速又稳定的经济发展阶段。此外，我国国民经济的高速增长反过来不断地催生更多的水利工程项目建设，不断改善我国

水利事业的发展现状。因此，水利项目对于我国经济和社会发展至关重要，现阶段可谓是我国水利工程投资与建设的鼎盛时期。

水利工程在国家重点投资建设下，已建成的大型水利项目包括南水北调工程、三峡大坝、葛洲坝水利枢纽、小浪底水库、飞来峡水利枢纽、溪洛渡水电站、向家坝水电站等都已产生很大的经济和社会效益。重大水利工程建设可促进上、下游相关产业发展，其中：工程建设所需物资的需求转化为上游相关产业的收入，从而带动上游产业迎合市场需求，加大投资并提高生产能力，这可以归纳为直接投资带动作用；工程建设还能够带动城乡供水、农业灌溉等下游相关产业利用工程条件，加大投资以拓展发展空间，这可以归纳为间接投资带动作用[1]。根据2003—2017年的统计，水利行业占全社会固定资产投资总额的比例在不断上升，我国国民总收入和国内生产总值也在飞速增长，如表1-1所示。

2003—2017年国民经济与水利事业发展概况 　　　　　　　　　表1-1

年份	国民总收入 （亿元）	国内生产总值 （亿元）	全社会固定资产 总投资（亿元）	水利、环境和公共设施管 理业固定资产投资（亿元）	水利行业占全社会固 定资产投资比例（%）
2003	134977	135822.8	55567	4365.8	7.86
2004	159453.6	159878.3	70477	5071.7	7.20
2005	183617.4	184937.4	88774	6274.3	7.07
2006	215904.4	216314.4	109998	8152.7	7.41
2007	266422	265810.3	137324	10154.3	7.39
2008	316030.3	314045.4	172828	13534.3	7.83
2009	340320	340902.8	224599	19874.4	8.85
2010	399759.5	401512.8	278122	24827.6	8.93
2011	468562.4	473104.0	311485.0	24523.1	7.87
2012	518214.7	519470.1	374695	29621.6	7.91
2013	583196.7	568845.2	446294	37663.9	8.44
2014	644791.1	643974	512021	46225.0	9.03
2015	682635.1	685505.8	562000	55679.6	9.91
2016	740598.7	743585.5	606466	68647.6	11.32
2017	824828.4	827121.7	641238	82106.1	12.80

由表1-1可知，水利工程在我国固定投资项目里占有重要比例，水利工程建设对于拉动我国国民经济的发展具有重要作用。

近年来，我国在农村用水、水环境治理、水生态保护等方面取得了不错的进展，对人民生活水平的提高、环境保护和改善起到了推动作用，促进了我国国民经济的发展，但同时，我国新老水问题依然复杂交织。从老问题看，我国自然地理和气候特征决定了水旱灾害将长期存在，并伴有突发性、反常性、不确定性等特点。与之相比，水利工程体系仍存在一些突出问题和薄弱环节，必须通过"水利工程补短板"，进一步提升我国水旱灾害防御能力。"水利工程补短板"就是要坚持问题导向，因地制宜，重点是补好防洪工程、供水工程、生态修复工程、水利信息化工程等方面的短板[2]。

以"补短板"中的供水工程为例，为进一步提高节水供水，我国于2014年开始建设172项节水供水重大水利工程。2018年，我国共有101项在建的重大水利工程，总投资超过1万亿元。其中包括15项重大引调水工程、27项重点水源工程、40项江河湖泊治理骨干工程、19项新建大型灌区工程。当年重大水利工程建设实际完成投资规模达863.22亿元。其中，中央政府投资399.15亿元、地方政府投资384.20亿元、国内贷款153.82亿元、企业和私人投资26.05亿元[3]。此外，水利信息化重点是发展智能化工具，充分利用信息技术来提高水利技术的智能化程度，同时与其他部门的信息化结合起来，统筹推进、协同发展，是国民经济和社会发展的重要组成部分。可见，补好水利工程的短板，也是补好经济建设的短板，对于我国国民经济和社会发展具有重要的推动作用。

1.1.2　水利行业强监管凸显水利项目的公共属性

水利是国家基础建设的一个重要建设指标，它不仅是一个国家经济发展水平的重要衡量指标，也是关乎国民经济可持续发展的重要因素，由于水利工程的公益性和外部性强，大多属于准公共产品。因此，长期以来，政府是水利工程的建设主体和资金投入主体。按照功能的不同，水利项目通常分为三类：公益性的水利工程仅具有防洪等公共属性；经营性水库仅具有供水等盈利属性；准公益性的水利工程既具有公共属性，也具有盈利属性。

我国水利项目主要由政府投资建设，大多数都是公益性的水利工程，具有防洪、供水等公共属性，建成后移交管理部门管理，由于公共属性项目容易存在产权单一、政企不分、效率低等问题。为了减低财政负担，提高运行效率，20世纪80年代以来，英国、美国、法国等发达国家和一些发展中国家放松管制，推动水利部门市场化改革，采取多种模式吸引非政府性投资参与水利建设，取得了较好的成绩。2011年1月，中央一号文件《中共中央　国务院关于加快水利改革发展的决定》出台后，水利改革发展加快，中央和地方将水利作为国家基础设施建设的优先领域；国内各地采取多种方式吸引企业和个人投资建设水利项目[4]。

我国现有的法规制度建设不能满足非政府性投资水利项目的要求。由于我国一直未制订非政府性投资水利项目的法律法规，虽然国家发展改革委、住房和城乡建设部等均出台有相关文件，但都属于部门规制，法律效力较低，对非政府性投资水利项目涉及市场准入和退出、担保、监管、评估等问题都没有明确规定。此外，水利项目经营具有自然垄断的特征，政府应当对于非政府性投资水利项目进行监管。目前我国缺乏独立监管机构，存在监管体制复杂，职责权限模糊、交叉，多头监管、分散监管的现象，导致规制能力严重不足。

水利行业强监管的关键内容是完善管理机制，这是建设的重要前提。水利工程在建设过程中往往受到外部因素的影响，而有效的管理机制则能够处理外部因素对工程建设产生的不利影响。如水利工程参与方与投资方缺少有效的管理问题或未设置完善的工程规划等。可以说，如果没有健全且长效的管理体系，水利工程建设就会陷入困境，进而引发各种各样的问题。例如，难以调动职工对本职工作的积极性与主动性以及工程管理出现纠纷等。因此，为了减少水利工程建设中的影响因素，必须建立健全管理机制。

在水利行业飞速发展的同时，由于人们长期以来对经济规律、自然规律、生态规律认识不够，没有充分考虑水资源、水生态、水环境的承载能力，所以造成了水资源短缺、水生态损害、水环境污染的问题，这些已经成为常态问题。要解决这些问题，必须依靠"水利行业强监管"来调整人们的行为和纠正人们的错误行为，促进人与自然和谐发展。无论是依靠政府的法规、政策、制度、税收等手段，还是利用市场的价格、竞争等机制，都要通过监管来引导人们的行为、纠正人们的错误行为，确保人们依照政府规则和市场规律办事，体现水利项目的公共属性。

1.2　我国水利工程的建设催生系列社会问题

1.2.1　我国水库建设催生的移民问题

新中国成立以来，为防治水患、合理开发水资源，国家投入了大量人力、物力和财力，积极推进各项水利工程建设。水利工程的建设实施在社会和经济方面产生了巨大效益，在支持和保障我国经济快速、稳定、可持续发展方面发挥了重要作用[5,6]。然而，水利工程的兴建，特别是大中型水库的建设，往往会导致大量库区土地被淹没，不可避免会产生移民问题[7]。据统计，新中国成立以来，我国先后修建各型水库98000多座，搬迁安置移民2700多万人[8]。我国部分重大水库移民数据如表1-2所示。

重大水库与移民人口　　　　　　　　　　表1-2

项目	投资额（亿元）	总库容（亿立方米）	安置移民人数（人）	搬迁时间（年）
三峡水库	910	393	1300000	1992—2010
新安江水库	4.23	216.26	290000	1956—1970
三门峡水库	7.1	162	400000	1956—1965
密云水库	2.4	41.9	49346	1958—1995
丹江口水库	1436	290.5	345000	1966—1968
小浪底水库	347	126.5	182500	1995—2003
白鹤滩水电站	1778	206	100000	2011—2019
向家坝水电站	434	51.85	89800	2006—2013

其中，三峡工程的移民人数最为浩大，移民问题最为典型，可谓是前无古人，后无来者。三峡移民持续了18年，于2010年10月结束，在这18年来，重庆和湖北两省市的130多万移民群众搬离了祖祖辈辈居住的故园，在千里之外重新安家；20个区县的上千家工矿企业被淹没、关闭，上百座城镇被拆迁，三峡大移民绝不是百万人口的简单重组，而是一场巨大的社会变迁。

作为水利工程建设的重要组成部分，移民问题一直是水库建设过程中的难题。移民人数动辄数以万计，如何妥善处理往往是政府和社会关注的焦点。作为一种非自愿移民，水库移民安置过程不具备自主选择性[9]。对移民的重新安置不仅改变了广大移民群众的生产生活方式，自然环境和人文环境的改变也会导致诸多心理问题[10]。从更深层次来讲，水库移民问题涉及社会资源的再分配，一旦分配不合理，在大部分人享受发展成果的同时，若需库区移民承担发展所带来的不良后果，势必会引发严重的群体性社会问题，从而影响社会和谐稳定。因此，移民问题不仅是水库建设的工程问题，更是关系社会和谐稳定的政治与社会问题。

1.2.2 水利工程建设征地与失地农民利益保护问题

水利工程建设需要征用大量土地，这导致原先依靠这些土地为生的农民失去土地，必须对他们进行重新的生产安置。由于多种原因，失地农民的利益在工程建设中得不到有效保护，所以产生了很多社会问题。失地农民利益保护的问题是目前各级政府非常关注的问题，也是亟待解决和难以解决的问题。主要表现在以下三个方面。

（1）水利工程土地补偿标准低。移民安置质量得不到保证，事后因安置产生的社会问题很多，如土地数量和质量的不足，导致生产生活水平下降，移民陷入贫困，从而引发更多的社会问题。移民问题已成为区域社会不稳的根源之一。

（2）土地制度存在缺陷，不能合理保护失地农民利益。农村土地集体所有和政府负责实施移民安置的制度阻碍了失地农民直接参与补偿的协商和安置活动，移民只有被动地服从且不能主动地选择和参与。土地补偿时参与谈判的是村民委员会（村民委员会不是市场经济下的经济实体，因此不能代表农民的利益），而被安置的移民则被挡在门外甚至连旁听的机会也没有，他们在各种申诉得不到回应的情况下能够表达自己意见的途径只有最不想走的上访路。

（3）水利工程效益分享机制不全，失地农民并没有从项目建设中得到发展的机会甚至失去发展机会。弱势群体缺少必要的保护和扶持措施。弱势群体自身生存状况比较脆弱，工程建设使他们失去原有的基本生存条件，如果不给予特别关注，在同等安置标准下，工程给他们的生产生活带来的影响要比其他人大得多，恢复的时间要长得多，有的甚至失去恢复的能力，造成贫困或生活水平下降，产生个案性的社会突发事件，但影响却是深刻的、广泛的。

1.2.3　水利工程带来的社会稳定以及社会安全问题

水利工程建设的目标之一就是给社会发展带来稳定、安全的环境，但如果违背了自然规律或经济发展规律，反而会对社会稳定和社会安全产生严重的副作用。主要表现在三个方面：一是工程建设时没有考虑行政流域边界影响或忽略了边界上不同社会团体利益平衡引起的直接利益冲突导致的社会冲突事件；二是移民没有得到有效安置引起的社会稳定问题，如三门峡水库移民在1985年前，已经陷入贫困的恶性循环[11]，从而引发集体上访事件，促使中央政府开始着手解决移民遗留问题；三是工程建成后的后发社会问题，主要是在防洪和治涝工程建成后，促使区域经济增长或资源可开发数量增加，刺激人口向洪水多发地区迁移，使该区域出现了城镇，一旦超标洪水灾害发生，将带来巨大的经济损失和增加社会不稳定因素。如洪泽湖周边防洪工程的建设，保证了周边区域的安全，产生的大量滩涂可以开发利用，虽然能促进区域内经济的发展，但由于开发模式问题，刺激了人口向滩地迁移。2003年暴发的渭河洪水，使周边群众被迫紧急迁移，造成了极大的社会不稳，灾后不得不重新进行防洪规划，采取人口迁移政策，改善人与水的环境（中国几大湖均出现过类似问题）[12]。

1.2.4　我国水库移民的后期扶持政策

为妥善解决水库移民的生产生活困难，促进库区和移民安置区经济社会可持续发展，维护农村社会稳定，经国务院批准，自2006年7月1日起，对全国大中型水库农村移民实行统一的后期扶持政策，即不分水利水电工程移民、新老水库移民、中央水库和地方水库移民，均按照每人每年600元的标准，连续扶持20年。所需资金由中央财政通过电力加价统一筹集，分省安排使用。

移民问题在水库建设过程中不可避免，广大移民为支持国家重大项目建设和经济社会发展付出了巨大牺牲，作出了巨大历史贡献。为了妥善解决水库移民问题，使广大移民群众的生产生活能得到保障，国家先后颁布了一系列移民安置政策，如表1-3所示。移民安置政策的制定和实施对水库移民问题的解决发挥了积极作用。在一定程度上保证了广大移民群众的切身利益[13]。

部分中央和地方水库移民后期扶持政策　　　　表1-3

	政策名称	发布时间
中央政策	《中央水库移民扶持基金绩效管理暂行办法》（财农〔2018〕174号）	2018年12月
	《国务院关于完善大中型水库移民后期扶持政策的意见》（国发〔2006〕17号）	2006年5月
	《大中型水利水电工程建设征地补偿和移民安置条例》（中华人民共和国国务院令第471号）	2006年7月
	《大中型水库移民后期扶持基金项目资金管理办法》（财农〔2017〕128号）	2017年10月
河南省政策	《河南省小型水库移民后期扶持基金征收使用管理暂行办法》（豫政办〔2008〕2号）	2008年1月
	《河南省完善大中型水库移民后期扶持政策实施方案》（豫政〔2006〕57号）	2006年8月
	《河南省大中型水库移民后期扶持结余资金使用管理实施细则》（豫财企〔2013〕60号）	2013年5月
	《河南省大中型水库库区和移民安置区基础设施建设和经济发展规划项目管理实施（试行）》	2010年1月
其他地方政策	《湖南省大中型水库移民条例（2008修订）》	2008年7月
	《安徽省大中型水库移民后期扶持人口和项目管理暂行办法》（发改移民〔2008〕113号）	2008年2月
	《甘肃省大中型水库移民后期扶持项目管理办法》（甘政办发〔2007〕96号）	2007年7月
	《山东省大中型水库移民后期扶持基金项目资金管理办法》（鲁财农〔2018〕55号）	2018年10月

自提出水库移民后期扶持政策以来，先后经历了起步、确立、发展与完善四个阶段的漫长调整[14]，现如今日趋完善。据统计，截至2018年底，纳入后期扶持范围的大中型水库移民人数达2486万人，共计拨付后期扶持资金近3000亿元，初步达到了促进库区经济发展、移民增收、农村社会稳定的目标[15]。现如今，后期扶持在解决水库移民问题的过程中发挥着至关重要的作用。我国的移民政策由新中国成立初期的"重工程、轻移民，重搬迁、轻安置"发展到现在以"前期补偿补助与后期扶持相结合"的开发性移民方针，移民安置相关法规、政策基本完善，移民规划设计理论、技术力量稳定。

1. 起步阶段（1981—1985年）：界定模糊与受众有限

为解决中央直属水电站工程防护资金筹措问题和水库移民遗留问题，原财政部、电力工业部于1981年联合颁布《关于从水电站发电成本中提取库区维护基金的通知》（〔81〕电财字第56号），规定自1981年1月1日起正式设立库区维护基金，按1厘钱/千瓦时的标准提取。根据随文下发的《水电站库区维护基金管理暂行办法》要求，基金仅适用于支付水电站投产运营之后的库区防护工程管护、库区困难移民的生产生活补助、移民安置区基础设施兴建等少数事项。尽管库区维护基金及其管理办法较为粗略，尤其是在基金使用的额度标准及后续监管等关键事项上并未作出细化安排，但这一政策的出台意味着水库移民后期生产生活普遍存在困难的现实情况已开始被认可，由此也标志着国家层面具有后期扶持色彩的专项政策开始实施。1985年，国务院发布的《水利工程水费核定、计收和管理办法》（京政发〔1985〕114号）第五章第十四条明确规定："尚有移民遗留问题的水库，水费可附加库区移民扶助金，用于扶助移民发展生产。"从库区维护基金到移民扶助金的密集设立，水库移民享受到较改革开放以前更为直接的优惠待遇，但实质性的后期扶持尚处于萌芽阶段，政策规定不尽翔实，对具体后期扶持方式的界定仍相对模糊，同时相关政策多瞄准中央直属水库移民群体，实际受众范围有限。

2. 确立阶段（1986—1990年）：边界拓展与资金整合

1986年7月，《国务院办公厅转发水利电力部〈关于抓紧处理水库移民问题的报告〉的通知》（国办发〔1986〕56号）正式出台，首次提出了"要把水库移民安置工作同库区开发建设结合起来"的工作思路，既要优先解决水库移民的温饱问题，同时也协助优化水库移民安置地区的产业结构，确保水库移民公平地共享工程效益和发展机会。报告还明确提出"谁主管谁负责，谁受益谁负担"的属地化管理原则，指出要扩大资源拼盘来源途径，形成拼盘合力，并适度向水库移民及安置区倾斜照顾。此外，财政部于1986年下发《关于增提库区建设基金的通知》，将水电部直属水电站库区建设基金的提取标准提高至4厘钱/千瓦时，较1981年提取标准提高了4倍。由此可见，水库移民后期扶持政策发展至这一阶段，其政策内容已由过去相对含糊的生产生活补助深化为产业扶持、创业支持，且适用于该政策的对象范围也基本扩展到全部水库移民，初步建立起央地协同的责任分工体系，为动员各地及时处理水库移民遗留问题起到了有力的推动作用。这一时期的政策安排的主要思路值得肯定，但由于相关配套政策不完备，缺乏相应的激励引导机制，部分地方政府贯彻执行的积极性不高，执行效果也由此受到一些影响。

3.发展阶段（1991—2006年）：立法确认与配套完善

1991年开始实行的《大中型水利水电工程建设征地补偿和移民安置条例》（国务院令第74号）（以下简称"74号令"），首次以行政法规的形式确认了水库移民后期扶持政策，将开发性移民作为水库移民管理工作的核心方针，并视后期扶持为水库移民搬迁安置的重要组成部分。1996年，国家计划委员会、财政部、电力工业部、水利部联合颁布的《关于设立水电站和水库库区后期扶持基金的通知》（计建设〔1996〕56号）进一步细化了对"74号令"中对库区建设基金管理的相关规定，将水库移民人均后期扶持资金初步框定在250～400元/（年·人）的范围之内，各省可自行确定在发电收入中提取基金的具体标准，但最高额度不得超过5厘钱/千瓦时。尽管这一提取标准较20世纪80年代有所上调，但仍存在两点不足：一是1996年后批准建设的水利水电工程移民后期扶持基金的提取及监管并不适用于该政策；二是虽然该政策考虑到非发电用途的水利工程移民后期扶持基金征缴难度较大的特殊情况，但由于后续补充政策迟迟未能出台，导致某些地方性水库移民被动隔离于后期扶持政策之外。

《国务院办公厅转发水利部等部门关于加快解决中央直属水库移民遗留问题若干意见的通知》（国办发〔2002〕3号）于2002年颁布实施。虽然该文件旨在解决1985年年底前投产的中央直属水库移民的遗留问题，但后期扶持的主要方式出现了明显调整，特别强调了"移民扶持资金用于解决移民所需的基础设施和生产扶持项目，不能发放或补助给个人"的基本原则，并详细制定了中央设立库区建设基金、扶持规划及项目到村到户、协助水库移民社区发展新型农业生产模式等相关措施，后期扶持开始强调与市场结合的项目化运作模式。在此基础上，水利部、财政部等职能部委先后出台《中央直属水库移民遗留问题处理2002—2007年规划及总体规划工作大纲》《中央直属水库移民遗留问题处理规划实施管理办法》(水移〔2003〕113号)、《库区建设基金征收使用管理办法》(财企〔2003〕57号)等配套性政策文件。至此,国家针对水库移民后期扶持的政策体系初显雏形。

4.完善阶段(2006年以来):多元扶持与综合发展

2006年以来,随着《国务院关于完善大中型水库移民后期扶持政策的意见》(国发〔2006〕17号)(以下简称"17号文")和《大中型水利水电工程建设征地补偿和移民安置条例》(国务院令第471号)相继出台及修订,水库移民后期扶持政策臻于完善,水库移民后期扶持工作逐渐步入了改革完善阶段。具体而言,"17号文"就完善水库移民后期扶持政策的指导思想、原则目标、扶持范围、扶持期限、扶持方式、资金筹集、资金管理、组织实施、宣传引导、监督检查等政策执行的各项环节均作出了系统规定。"471令"特别增加了后期扶持一章,规定相关部门必须编制水库移民后期扶持规划,并明确了后期扶持的范围、期限、措施及目标,准确界定了现状人口和原状人口,统一扶持期限、提高扶持标准,并加大项目扶持的力度。以上述两项关键政策法规的出台为契机,中央及地方以此为依据制定了一系列水库移民后期扶持配套政策,涉及后期扶持的人口管理、资金管理、规划管理、监督管理、保障措施等多个维度,政策的匹配性、有效性和兼容性明显增强,在维护库区及移民安置区的社会稳定、促进其经济发展、提高水库移民生产生活水平等方面取得了一定成效,基本达到了后期扶持政策的预期目标。

通过十几年的后期扶持工作,水库移民后期扶持的近期目标基本实现[16]。移民生产生活条件得到较大改善,库区和移民安置区面貌发生重大变化,社会保持总体稳定,移民温饱问题全面解决,通过后期扶持资金直补和项目扶持等政策的实施,全国农村移民的生活水平于2010年全部超过当地温饱线,农村移民人均纯收入与全国农民人均纯收入差距缩小。库区和移民安置区的基础设施和公共服务设施水平提高,交通、电力、通信、饮水、教育、卫生设施等都有显著的提升。农村移民的人居环境得到进一步改善,人均住房面积由2005年的23.96平方米提高到2014年的32.66平方米,移民新农村建设和清洁能源使用、生活污水、生活垃圾处理率都有显著提升。移民的生产条件也得到改善,移民安置区经济社会发展较快,对专业合作社、养殖大户、特色支柱产业和集体经济的扶持取得了较好的效果[17]。

1.3　我国水库移民后期扶持绩效评估的重要性

1.3.1　水库移民后期扶持绩效评估有利于提高投资效率和效益

2018年9月，国家颁布了《中共中央国务院关于全面实施预算绩效管理的意见》(中发〔2018〕34号)，财政部于2018年11月颁布了《关于贯彻落实〈中共中央国务院关于全面实施预算绩效管理的意见〉的通知》(财预〔2018〕167号)，明确提出全面实施预算绩效管理是推进国家治理体系和治理能力现代化的内在要求，是深化财税体制改革、建立现代财政制度的重要内容，是优化财政资源配置、提升公共服务质量的关键举措。2018年12月，财政部、水利部、国家发展改革委制定了《中央水库移民扶持基金绩效管理暂行办法》(财农〔2018〕174号)，要求对中央水库移民扶持基金开展绩效目标管理、绩效监控、绩效评价、评价结果运用等全过程绩效管理工作，其中包括大中型水库移民后期扶持基金。水库移民后期扶持基金需要实施全过程的绩效管理，绩效目标分为整体绩效目标和区域绩效目标。

移民后期扶持工作在开展的过程中实施了较多的项目，其中前10年以公共基础设施建设和农田水利设施建设为主。近几年来，由于移民村公共基础设施建设和农田水利设施建设已经趋于完善，应上级部门要求，加大生产开发项目实施力度，该类项目比例不断上升，但是该类项目的实施有好的一面，即能够实现移民增收；也有不好的一面，即资金效益率较低，且没有后期跟踪评价措施。因此，出现了许多实施完毕但闲置的现象，既浪费了移民专项资金，又浪费了移民村的公共资源[18]。因此，绩效评价工作的开展迫在眉睫，该项工作的开展能有效对后期扶持工作做出监督和评价。

水库移民后期扶持绩效评估是检验水库移民后期扶持政策成果的重要途径，通过绩效评估测定后期扶持资金发放、项目的建设情况、完工验收、项目效益、美丽家园建设、产业转型等实施情况，可以对项目从投资到收益有全过程的了解。水库移民后期扶持政策寻求的就是公平与效率的最佳结合点，在政策制定上，从社会公平正义出发，国家强制性手段的应用对社会资源的再分配与管理，为水库移民中存在的困难以及有可能发生困难的成员在物质上与精神上提供保障，为社会经济活动的健康性长久发展提供保证[19]。所以，后期扶持绩效评估会使社会资源分配更加合理，促进政策制定更加符合当地移民的基本情况，提高后期扶持项目投资的效率。

绩效评估剖析了后期扶持项目的效益情况，能够让投资人明确相关项目的盈亏情况，是否产能过剩，有多大的利润区间，项目安排是否适合当地移民的经济、社会发展状况，是否可以带动当地移民经济的发展，项目开发是否会对当地的生态环境和居住环境造成影响和破坏等。这一系列检验评估成果，可以为投资人提供全面的参考，吸取经验教训、弥补不足和"短板"，提高投资的效率和效益。

我国水库移民后期扶持绩效不高的现象普遍存在，造成公共资源的巨大浪费和损失，致使后期扶持项目投资效率不高、效益不理想。随着我国水库移民后期扶持项目投资规模的逐步加大，项目的收益效果却不够理想，然而值得欣慰的是，经过水库移民后期扶持绩效评估以及项目管理技术的提高等形式的努力，后期扶持项目的效益和效率正在逐年上升。由此可见，水库移民后期扶持绩效改善迫在眉睫，它越早得到改善，国家和公共资源所遭受的损失就越小。总之，水库移民后期扶持绩效评估有利于提高投资效率和效益。

1.3.2　水库移民后期扶持绩效评估有利于抑制腐败等不良现象

全面实施绩效管理既有益于完善国家社会治理体系，也可以延伸至与国家治理相关的行政、经济、社会等方面。通过对水库移民后期扶持全面实施绩效管理，依照绩效标准确定各级政府、各职能部门的移民后期扶持基金配置规则，进而影响政府施政、移民管理部门履职、政策决策的具体过程，达到提升国家治理效能的目的。从下放管理权限、落实责任约束的角度看，通过全面实施绩效管理，建立移民后期扶持绩效责任追究制度，向移民相关各级政府、各移民管理职能部门全面下放预算绩效管理权限，有利于调动各级移民相关政府、各移民管理职能部门的积极性，从而完善国家治理体系，提升国家社会治理效能，抑制腐败等不良现象。

水库移民后期扶持绩效低下往往还伴生其他不良社会现象，腐败就是其中最具代表性的，腐败在世界各国都被视为一大社会毒瘤，是公众舆论的焦点。而我国自1998年以来，每年都有大规模政府投资用于水利项目，这就可能滋生腐败的温床，水利项目具有公共属性的特点，水利项目建设过程中腐败的实质就是滥用权力和社会资源谋取私利，这种腐败所影响和侵害的对象往往具有广泛性和社会性的特点。水利工程腐败的危害主要表现在两个方面：①造成公共资源的浪费和损失，使得公共产品或服务的供给效率低下；②由于我国现阶段水利项目的投资主体基本上是政府直接控制或在政府监控下活动，因此水利项目建设与运营过程中的腐败现象必然对政府的信誉和公信力产生负面影响。

水库移民后期扶持绩效评估工作的开展，有利于促进移民管理机构在后期扶持专项资金的使用过程中严格控制资金的使用去向和精准度，实现精准扶持，防止相关机构成员对移民专项资金弄虚作假。一是对水库移民后期扶持资金做到及时发放，每年按时对水库移民人口进行核减，并核实银行账户信息，防止公职人员冒充、顶替盗领资金。二是对移民后期扶持项目专项资金严格把控，对项目从建设施工到完工验收进行全面评估，防止移民后期扶持项目的专项资金被贪污挪用。用绩效评估这一关卡挡住贪污腐败等不良现象的冒头，对移民后期扶持工作的开展起到了强有力的推动作用，有利于后期扶持工作目标的早日实现。总之，水库移民后期扶持绩效评估有利于抑制腐败等不良现象。

1.4　水库移民后期扶持绩效提升措施备受关注

由于水利项目是为了改善我国居民用水条件，提高防洪抗旱能力，完善农田水利设施等公共利益，并且水利项目投资主要来源于国家或地方的公共资金，从根本上说是纳税人的钱，涉及社会公众的切身利益，因此其建设管理过程势必受到社会的广泛关注，对项目成果或效益的要求也是多方面的；同时，我国政府的透明度越来越高，而互联网在我国的普及为相关信息的快速及广泛传播提供了条件。因此，水利项目建设管理过程中的任何浪费、腐败现象以及公共投资效率优劣都会以最快的速度传遍天下，从而影响到我国经济、政治等各方面。越来越多的人们认识到水库移民后期扶持政策的重要性，而水库移民后期扶持绩效的提升措施更成了人们关注的焦点。

1.5　本章小结

水库移民问题的有效解决不仅关系到移民群众生产生活和水库建设的顺利实施，同样也关系到社会的和谐稳定。面对我国"全面实施预算绩效管理"及"水利工程补短板，水利行业强监管"的新形势，如何对现阶段水库移民后期扶持工作进行有效评估，并在此基础上有针对性地提出具体可行的绩效提升措施，以保障、提升水库移民后期扶持项目实施的效果，对落实水库移民后期扶持基金全面预算绩效管理具有重要意义。

　　总之，水库移民后期扶持绩效的改善不仅可以提高公共资源利用效率、拉动经济的发展、实现国家的宏观经济战略，而且对于加强廉政建设、提高我国政府的威信和公信力也大有好处；反之，如果水库移民后期扶持出现问题，就会在经济和政治上带来双重的负面影响。如今，我国的现实情况是，水库建设已达顶峰时期，新型水库涉及移民问题已经很少，而对于老库区移民的后期扶持管理绩效却不够理想，显而易见，我国水库移民后期扶持绩效亟待得到有效改善。

第2章 水库移民后期扶持绩效评估与提升研究的进展

2.1 水库移民后期扶持绩效评估相关概念界定

项目管理主要是针对效率进行理论研究的一门学科。与之对应，水库移民后期扶持项目管理绩效关注的便是所扶持项目能否在规定的时间、成本和质量约束下完工以及满足项目利益相关者诉求等问题，即项目管理绩效这一概念较好地契合了项目管理领域对"效率"追求的本质属性。基于此，项目管理绩效的相关研究引起了项目管理领域学者的极大关注。项目管理领域，与项目绩效评价（Project Management Performance）相关的概念还有很多，如项目绩效（Project Performance）、项目目标（Project Goals）、项目成功（Project Success）和项目管理成功（Project Management Success）等，以下将逐一进行介绍和辨析。

1. 项目绩效

《辞海》对于"绩效"的解释为工作的成绩与效果。学术界对绩效的理解，主要有两种代表性观点：一是从结果的角度出发来理解绩效，认为绩效是一种与工作有关的结果，如Bernardin等[20]认为，绩效应被定义为工作结果，因为这些工作结果与组织战略目标、顾客满意度及所投资金的关系最密切；Kane[21]认为，绩效是一个人留下的东西，这种东西与目的相对独立地存在。不难看出，持这一观点的学者是从投资学角度来讲的，认为绩效需要投入，投入后就应该按照投入产出比来衡量其结果，这与绩效评价指标体系的设计有关，比如用市场或财务指标来衡量绩效结果等。另一种则是从行为角度来认识和理解绩效，如Murphy[22]指出，绩效是与一个人所在的工作组织或组织部门的目标有关的一组行为；Campbell[23]则认为，绩效即是行为，其应与结果分开，因为结果会受到系统因素的影响。绩效界定的结果与行为两种视角，在后续的研究中都得到了一定程度的发展与深化。

除上述两类相异的绩效观外，后续研究也出现了"综合观"，即将结果和行为综合起来考查绩效。如Brumbrach[24]认为，绩效管理不仅要关注行为的内容和结果，同时也要关注行为的过程。Campbell对绩效的定义：绩效是行为的同义词，它是人们实际行动的表现并且可以通过观察得到。它包括与组织有关的行动或行为，能够用个人的熟练程度来定等级。

项目绩效的相关研究肇始于现代管理学之父彼得·德鲁克（Peter F. Drucker）于20世纪70年代后期提出的目标管理理论，其指出，管理之所以存在，是因为它专注于绩效，又细化为三项具体任务：经济绩效、使工作富有生产力并使员工有所成就、管理社会影响和社会责任[25]。目前学术界对项目绩效尚无被普遍接受的定义，方建[26]参照项目及绩效的定义，将项目绩效定义为建设项目业主方组织成员在实现项目目标的过程中表现出来的行为和结果。这显然是从绩效的"综合观"来定义项目绩效。与之类似，水利移民后期扶持项目是政府管理的公共项目，专注于公共项目的学者对公共项目绩效的界定由最初的"结果观"（绩效即结果）逐渐演变为"综合观"（绩效是结果与过程的统一体）。因此，公共项目绩效的评价应同时注重静态的结果和动态的运行过程两个方面[27]。对于水库移民后期扶持也是如此，要注重这两个方面，不能片面化。

2.项目目标

水库移民扶持是有目标的。项目目标的概念起源于现代管理学之父彼得·德鲁克和管理过程学派的主要代表人物之一的哈罗德·孔茨。彼得·德鲁克于1954年在《管理的实践》（*The Practice of Management*）一书中介绍了目标管理的概念：企业的运作要求各项工作都必须以整个企业的目标为导向，尤其是每个管理人员的工作更须注重企业整体的成功。企业管理人员创造的业绩必须衍生于企业的业绩目标，他们的成就也必须根据其工作对企业成功所作的贡献来衡量[28]。

由此，其提出了目标管理的主张：企业的目的和任务必须转化为目标。目标的制定者必须先确定企业的航标（即总目标），然后对航标进行分解，以使目标流程分明。1993年，哈罗德·孔茨在《管理学》一书中阐述了目标的性质与制定过程。其认为，企业及其各部门的目标必须是可考核的；为实现企业的宗旨，必须设置众多的企业目标[29]。

自彼得·德鲁克和哈罗德·孔茨之后，目标管理方面的著述和实证研究颇多，而有价值的管理制度和方法逐渐被引入到项目管理的实践之中，并对其产生了深远影响。这是因为项目管理是为实现项目目标而实施过程管理活动。鉴于水库移民后期扶持项目具有一次性、不确定性和高风险等特点，项目管理人员需在项目执行的初期即制定科学合理的目标，然后以实现目标为指引、对建设项目的实施过程进行有效控制[30]。对建设项目而言，目标是指期望项目达到或取得的成果的描述。

3.项目成功

目前，国内外还未对项目成功这一概念形成统一的认识。项目成功作为一种难以领会的感觉，对不同主体有着不同的含义，每个部门都有自己的一套项目成功标准；即便是同一个主体，其在不同的项目或在同一项目的不同阶段对项目成功的理解也可能存在差异。尽管如此，一些学者仍对项目成功进行了定义，如表2-1所示。

项目成功的不同定义

表2-1

文献	项目成功的定义
Tuman[31]	能够使用充足的资源、以一种较快的方式满足项目的所有预期
De Wit[32]	项目满足其运行所需的技术性能需求，并且达到了上级组织、项目团队成员、终端用户等的满意标准
Ashley 等[33]	项目在成本、工期、质量、安全和项目参与者满意度方面的结果均满足或超过预期
Pinto 等[34]	实现工期和预算约束、实现既定的项目目标、被用户接受和使用的项目即是成功的项目
Wuellner[35]	实现工期和预算约束、实现盈利目标并具备较高的用户满意度、有高质量的设计或咨询服务等的项目即是成功的项目
Baccarini[36]	项目成功包括项目管理成功和产品成功
Cooke-Davies[37]	项目成功与项目的全局目标和长期效应相关
Al-Tmeemy 等[38]	项目成功包括项目管理成功、产品成功和市场成功

众所周知，提高项目管理活动的效果与效率都被认为是项目管理绩效改善的结果，而对其进行合理的评价则是后续工作的前提条件。绩效评价通常是指确定组织实现其目标的程度的评估工作与过程，因此众多研究均是基于项目目标来确定绩效指标。传统意义上，多数项目都涉及成本、进度/时间和质量三大目标，它们也被称为项目成功的三大标准[39]。

对于项目目标、项目绩效和项目成功三个紧密联系的概念，Chan等[40]指出，项目成功是最终目标，而成本、进度和质量三大目标是达到最终目标的三个被广泛接受的标准；每个项目都有一系列的目标需要完成，这些目标也是作为项目绩效衡量的标准而存在的。多数情况下，项目绩效的衡量指标/标准与项目成功衡量指标/标准并无差异。

4.项目管理成功

作为与项目成功相生的一个概念，项目管理成功的相关研究即是在不断与项目成功"作比较"之中发展起来的。目前，学术界尚未对项目管理成功下一明确的、被普遍接受的定义，但学者倾向于将其理解为"成功的项目管理"（Successful Project Management）或"项目管理方面的成功"（The Success of Project Management）。如Jerzy Stawicki[41]给出了项目管理成功的定义：如果项目参与方在最初的预算和工期约束内完成了项目，或者以合理的原因终止了项目，便可视为项目管理成功。其进而给出了这一概念适用的项目类型：(1)该项目采用了合适的方法；(2)项目实施团队不但具有相关的知识，而且具备相应的经验；(3)项目经理具有丰富的知识、经验，并具有必要的个人"软技能"。可见，项目管理成功的落脚点在项目管理方面的成功，这与项目成功有着范围指向方面的区别。

美国项目管理学者J.D.弗雷姆曾以悉尼歌剧院项目来阐释项目成功与项目管理成功的关系：悉尼歌剧院这一项目出现了严重的进度拖期和费用超支问题，若以传统的"铁三角"标准作为评价尺度，该项目在管理方面无疑是失败的；然而，悉尼歌剧院落成后，几乎每一张澳大利亚的旅游明信片上都有该歌剧院的影子，澳大利亚公民认为该项目取得了巨大的成功。可见，项目成功和项目管理成功即存在密切联系，又有显著的区别。

正如Munns和Bjeirmi[42]所言，尽管项目管理成功常与项目的最终成果相联系，但项目管理成功和项目成功并不是天然地直接相关的。De Wit[32]和Baccarini[36]指出，二者涵盖的全寿命周期长短和实现的项目目标层次均不相同。Munns和Bjeirmi[42]将项目的全寿命周期分为概念阶段（Conception Phase）、计划阶段（Planning Phase）、生产阶段（Production Phase）、移交阶段（Handover Phase）、使用阶段（Utilization Phase）和关闭阶段（Closedown Phase）。基于此，Munns和Bjeirmi[42]进而指出了项目成功与项目管理成功在涵盖范围方面的差异：项目管理成功仅涵盖阶段2～阶段4（计划阶段、生产阶段和移交阶段）；项目成功则涵盖了项目的全部阶段。

5.项目管理绩效评价

大量的文献表明，项目管理绩效评价的相关研究主要集中于项目管理绩效评价指标与评价方法两个方面。随着项目管理绩效的内涵从单维度转向多维度，项目管理绩效评价指标与评价方法也经历着多样化与复杂化的进程。

鉴于绩效的内涵在不断拓宽与发展，项目管理绩效的评价指标也经历了从单一性指标逐步扩展到多重指标的发展历程。对现有文献进行梳理，关于项目管理绩效评价指标的成果可以归纳为以下三点。

（1）早期的项目管理绩效评价过分强调单一的财务性指标。此可以追溯至19世纪六七十年代。此时期，受传统企业管理理论影响，项目管理绩效评价指标与企业管理绩效评价指标具有较大的一致性，即主要关注财务情况。鉴于财务评价的时滞效应及对非财务信息反映的不足，其所提供的信息对管理人员决策的支持力度不够，因此项目管理绩效的评价指标向多维度发展就显得尤为必要了。

（2）"铁三角"时代。20世纪60年代以来，成本、工期与质量作为项目管理绩效的评价指标被广泛接受。目前，多数评价指标体系仍是以"铁三角"为核心的衍生与演变。项目管理绩效评价应与项目管理活动相对应，在项目管理活动中，除了"铁三角"之外，还应该增加"管理评价"（如履约情况、施工安全、环境保护等）。

（3）多维度的综合评价指标体系。经过前述两个时期的发展，项目管理绩效评价进入了多维度阶段。由于绩效内涵的不断扩容，人们将其从既有的窠臼中释放，拓展到"过程+结果"，使项目管理绩效发展成为一个多维度的概念。相应地，项目管理绩效评价指标体系随之多元化。更多的因素被纳入项目评价指标体系之中，如业主满意程度、技术的创新、预期的有效达成、个人成长、项目执行效率等。在试图建构完善的项目管理绩效评价指标体系的研究中，一些项目管理的过程性指标，如良好的运营管理、政府监督等也逐渐被纳入评价指标体系中[43]。

此外，伴随着项目成功概念的提出，项目管理绩效评价指标以另一种方式被表述，即项目成功标准与项目成功因素，前者可视为项目管理绩效评价的结果性指标；而后者可视为项目管理绩效评价的过程性指标。相应地，项目管理绩效评价指标则反映出对项目管理"过程+结果"的综合衡量。自此，项目管理绩效评价指标的研究开始向纵深发展。而鉴于水库移民后期扶持项目的独特性、一次性、灵活性等，不同类型的扶持项目其管理绩效评价指标被差异化表述。水库移民后期扶持绩效评估是水利工程项目重要的一部分，它为我们后期如何提高移民在移居后的生活水平提供了重要的数据和方法。本书的两层次定量评估方法研究很好地分析了当下水库移民扶持绩效的提升措施。为未来水库移民扶持提供了参考价值和一定的帮助。

2.2 水库移民后期扶持绩效的界定

2.2.1 绩效的概念

理解绩效内涵是研究水库移民后期扶持绩效评估以及绩效提升途径/措施的前提和依据。"绩效"一词作为现代专业术语,翻译自英文"Performance",原意为"表现""执行""履行",后引申为"作为""业绩""成果"等。《朗曼词典》将绩效解释为 The Act of Performance,即正在执行的行为或已经完成的活动(取得的结果)。《牛津现代高级英汉词典》将绩效解释为"执行""履行""表现""成绩"。《韦伯斯特新世界词典》则对绩效一词做出了两种解释,一是正在执行的活动或已完成的活动;二是活动取得的成绩、成果等。汉语中,《辞海》将其解释为"成绩""成效"[44]。

对于绩效的内涵,不同的学者也有不同的认识。大致可以分为两类,一类是将绩效理解为活动的结果。如,Bernardin 等[45]将绩效定义为工作职能、活动或行为在一定时间范围内所产生的结果;彼得·德鲁克[46]认为"绩效"是"活动直接的成果";另一类则是将绩效理解为活动的过程。如,Campbell 等[47]认为绩效是一种行为,这种行为与组织相关,并且能够为员工所控制,而不一定是其行为所导致的结果。

仅仅从字的表面来看,绩效是绩与效的组合,绩既可以是成绩,也可以是业绩;效既可以是效率,也可以是效果。也就是说,在不同的领域去分析绩效,所理解的概念也会略有差异。

2.2.2 水库移民后期扶持绩效

水库移民后期扶持绩效是立足在绩效概念的基础上,进一步具体到水库移民方面。事实上,由于在不同的领域,绩效的内涵和概念也有所不同。例如,在经济管理领域中,绩效的含义主要是指经济活动的成果和成效。在政府管理领域,则更加强调绩效的多元化内涵,既包括政府在社会、经济等活动中的业绩、效果,也包含政府在行使自身职能过程中的能力体现和办事效率[48]。水库移民后期扶持属于政府管理领域。因此,在本节中将绩效的内涵理解为活动过程与活动结果的结合。结果主要体现在水库移民后期扶持促进移民增收的效果,过程主要体现在水库移民后期扶持项目实施和管理的过程。综合来看,水库移民后期扶持绩效就是根据水库移民后期扶持内涵以及水库移民后期扶持属性去看后期扶持的结果和效果。

1.水库移民后期扶持内涵

水库移民后期扶持是国家、企事业单位、社会团体等社会组织为帮助搬迁安置后的水库移民脱贫致富，促进移民安置区经济社会可持续发展，通过政策、资金、项目等方式所进行的支持、扶持等工作。水利水电工程的特点决定了水库移民具有强迫性和非自愿性，我国水库移民多数是在特定年代和特定历史条件下产生的。为解决水库移民生产生活、库区和移民安置区经济社会发展的困难，在不同历史时期，我国采取了不同的水库移民后期扶持措施。从历史阶段看，我国水库移民后期扶持工作，经历了扶贫性后期扶持（1981—1985年）、开发性后期扶持（1986—2005年）和开发与发展相结合的后期扶持（2006年至今）三个阶段。

第一阶段的扶贫性后期扶持对象仅为中央直属水库移民，扶持面较窄，扶持标准较低，在一定程度解决了移民生计问题，对安置区的发展问题作用有限。

第二阶段的开发性后期扶持对象为新老移民，统筹移民安置与库区建设，变救济生活为扶助生产，变消极补偿为积极创业，扶持政策多、层次多、标准偏低。

第三阶段的开发与发展相结合的后期扶持具有后期扶持时限、标准、方式明确，维护移民权益，注重移民可持续发展和综合施策等特点。

2.水库移民后期扶持属性

水库移民后期扶持的内涵决定了其具有多重属性。首先，水库移民后期扶持具有社会性。水库移民后期扶持工作是国家、企事业单位、社会团体等扶持主体通过特定的社会活动改善移民生产生活的过程，是社会资源的再分配，具有社会性。其次，水库移民后期扶持具有经济性。水库移民后期扶持通过一定的资金、项目等形式进行，扶持效果也主要表现为移民收入增速的高低，具有经济性。再次，水库移民后期扶持具有历史性。水库移民后期扶持从20世纪80年代开始，到今天实施40多年，是一定历史阶段的产物，具有历史性。最后，水库移民后期扶持具有区域性。水库移民后期扶持针对的是水库移民，仅在库区和移民安置区进行，具有区域性。

另外，水库移民后期扶持具有系统性。水库移民后期扶持工作由移民、资金、项目、政策等多个要素构成，具有内在的结构，发挥一定的功能，涉及经济、社会、生态环境、管理等多个领域，在政府、移民群众等多个层面开展，各要素、领域、工作层之间相互交流影响，具有系统性。水库移民后期扶持具有政策性。为推进水库移民后期扶持工作有效开展，国家政府制定了体制机制等制度，并在人口、资金、项目、监管等方面制定了具体的规章、办法，具有较强的政策性。同时，水库移民后期扶持还具有目的性。水库移民后期扶持主要目的是帮助水库移民脱贫致富，促进库区和移民安置区经济社会发展，具有目的性。最后，水库移民后期扶持具有科学性。水库移民后期扶持工作具有内在的规律，需按照一定的方式开展，具有科学性。

2.3 水库移民后期扶持研究的演进脉络及研究展望

2.3.1 水库移民后期扶持研究的演进脉络

纵观水库移民后期扶持的既有研究，学者关注的焦点主要集中于：一是后期扶持方式的研究，张付梅等[49]对后期扶持方式进行了深度探索，研究得出现金直补和项目扶持"两者结合"的扶持方式使库区面貌发生了明显变化。二是后期扶持资金管理的研究，杨晓俊[50]针对水库移民后期扶持资金的使用情况指出了资金使用过度分散的问题，根源在于资金总量小、扶持对象多，因而不能发挥资金规模效益，并建议有关部门要提前引导移民村组做好项目规划布局、统筹资金相对集中安排，不搞平均主义。三是后期扶持监测评估的研究[51]，熊艳等[52]针对传统的水库移民后期扶持监测评估工作存在的分析手段单一、成果利用缺少反馈机制、人力财力成本较高等问题，提出了"互联网+监测评估"的应用模式，实现监测评估现场工作与后台管理工作的有机统一。金晶等[53]以江苏省水库移民为例，通过梳理后期扶持项目实施管理的框架体系和规范流程，对监测评估的方法进行研究并提出改进方案，以提高项目监测评估效率，为后期开展水库移民后期扶持监测评估工作提供借鉴。此外，随着移民安置政策的不断实践，学者们的重点也逐渐转向对移民安置效果和可持续发展的评价。Huang L等[54]基于BP神经网络的评价指标体系，以乌江梯级水电站的迁移为例，对重新安置者的可持续发展做出评价，使我国的水库移民安置政策体系更加完善，安置补偿的范围更加全面。Wang X等[55]以遂宁市水库移民安置后期配套项目管理为例，结合水库移民安置工作特点，具体探讨了配套项目的管理方法，为推动水库安置后期配套项目管理规范化、科学化提供了参考。黄洪坤，赖欢等[51]利用多元有序的Logistic模型实证分析了住房情况、耕地情况、收入水平、社会环境等指标下水库移民对后期扶持政策的满意度，直观反映了政策实施的效果。练丽莉[56]根据现阶段水库移民后期扶持研究重难点，提出了解决水库移民相关问题的措施，推进开发性移民建设行稳致远。

然而，尽管学术界认可文献综述在科学研究领域的重要性[57]，但是水库移民后期扶持领域的文献综述较少，尤其是缺少基于文献计量法的文献归纳与总结。相比传统人工归纳式的文献综述，基于文献计量法的文献综述可快速对特定时间范围内科学研究的海量文献进行定量分析[58, 59]，能够科学地展现科学研究的热点变迁并对研究前沿做出准确预测，可克服传统文献综述易出现的主观性和偏见。基于此，本小节旨在回顾国内1993—2021年水库移民后期扶持工作并进行综述，主要研究目的：(1)识别水库移民后期扶持研究的研究热点；(2)探析水库移民后期扶持研究的演进脉络；(3)甄别水库移民后期扶持研究的研究前沿；(4)顺应新时代发展趋势，把握未来研究方向，以精准助力水库移民后期扶持工作。

2.3.2　研究方法与数据来源

1.研究方法

CiteSpace软件是一款基于Java环境，通过对国内外文献进行可视化分析来帮助读者找到当前研究领域最重要、最关键的核心信息，识别其最活跃的研究前沿的新一代文献计量工具，在文献计量方面有其独特的优越性[60]。综上，本小节利用CiteSpace软件对样本数据进行发文量统计、机构/作者合作共现、关键词共现与聚类以及关键词突变等可视化操作，结合人工归纳揭示出我国水库移民后期扶持研究的发展进程，并根据关键词频次了解近年的研究热点，预测研究趋势。

2.数据来源

本小节检索的文献来源为中国知网（CNKI）学术期刊库。以"水库移民后期扶持""水库移民后扶"为主题词进行检索，检索日期为2021年10月2日，因此收集到了1993—2020年全年度的完整数据以及2021年的部分数据（1月1日—10月2日），共得到初始文献965篇。剔除会议和报纸等非研究性记录446条及重复记录16条，最终筛选出503篇文献记录，作为本小节的分析样本。

2.3.3　描述性统计分析

1.年度发表趋势

通过对作者及机构的发文数量进行分析，可以体现出其科研能力和学术影响力，同时也追溯了水库移民后期扶持领域的发展历程。数据表明，在2006年以前，有关水库移民后期扶持研究的文献较少，而在2006—2013年以后文献数量激增，并达到峰值（44篇）。究其原因，为妥善解决水库移民生产生活困难、促进库区和移民安置区经济社会可持续发展和维护农村社会稳定，2006年7月7日国务院以第471号令修订的方式颁布了《大中型水利水电工程建设征地补偿和移民安置条例》，在一定程度上促进了水库移民后期扶持方面研究的增长[61]。2013年之后，水库移民后期扶持工作响应国家号召，逐渐与绿色生态、可持续发展等方面的研究深度融合，把库区经济和生态环境的协调发展作为水库移民工作后期的总目标[62]。因此，2013年以后，水库移民后期扶持方面的研究呈下降趋势，如图2-1所示。

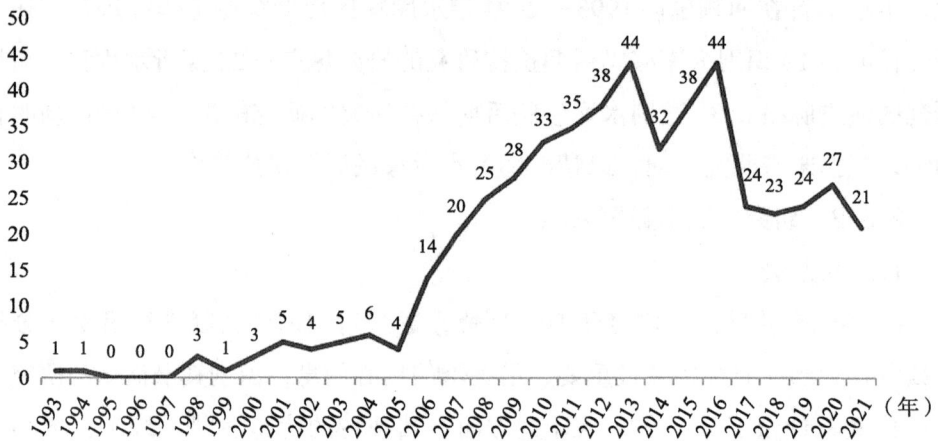

图2-1　年度发表趋势

2. 发文机构分布

对发文机构和发文量进行统计，得发文量前10名的机构，如表2-2所示。

高产机构相关信息统计表　　　　　　　　　　　表2-2

机构	发文量	占比	AVE（平均）
华北电力大学	36	7.16%	8.00
河海大学	31	6.16%	11.69
江西农业大学	23	4.57%	8.78
华北水利水电大学	22	4.37%	4.95
湖北经济学院	18	3.58%	7.33
水利部水库移民开发局	9	1.79%	11.13
黄河水利委员会移民局	8	1.59%	8.47
辽宁江河水利水电新技术设计研究院有限公司	7	1.39%	2.00
山西省移民办公室	7	1.39%	3.11
三峡大学	7	1.39%	5.50

表2-2中，AVE是各机构发表的有关水库移民后期扶持所有论文的平均被引频次，可体现机构的学术影响力。由此可知，河海大学（AVE＝11.69）和水利部水库移民开发局（AVE＝11.13）的AVE值很高，表明这些机构的学术影响力较强。

运用CiteSpace软件可视化发文机构，可得如图2-2所示的发文机构分布图。由图2-2可知，节点代表研究机构，节点颜色最深的是华北电力大学，代表该高校位居此领域各机构发文量的榜首（发文量=36篇），其次是河海大学（发文量=31篇）。可见近年来该领域的研究主要集中在各高校。但图谱的密度（Density）仅为0.002，表明该学术领域的研究不集中，关系结构有待紧密，各机构间的学术探讨有待加强。

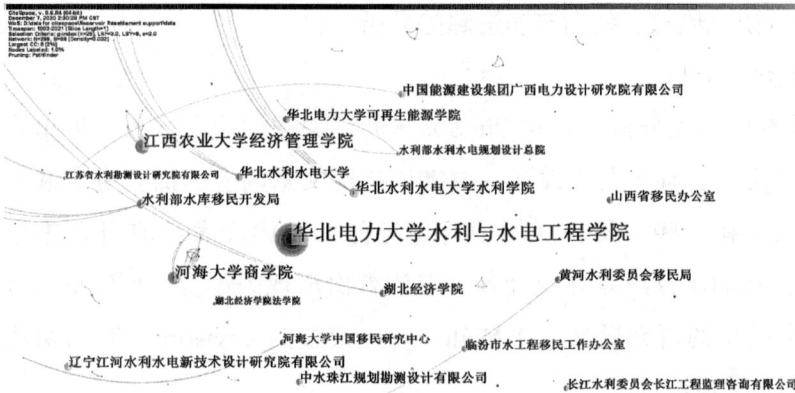

图2-2　发文机构分布图

3.发文作者分布

表2-3列出了水库移民后期扶持研究领域最高产的十位作者。可以看出，所列十位高产学者至少发表了5篇涉及水库移民后期扶持的文章，在一定程度上体现了他们的科研水平。为进一步评估其学术贡献，我们同时采用了作者H指数和作者所有论文的平均被引频次（AVE）[58]。统计可知，施国庆和郑瑞强的H指数较高，分别为36、19。左萍和郑瑞强的AVE分别为12.5和12，表明了他们极为显著的科研能力和学术影响力。此外，李乾、杨涛等人也是该领域的重要研究人员。

高产作者相关信息统计表　　　　　　　　　　　　表2-3

作者	发文量	机构名称	H指数	AVE
张春美	11	江西农业大学	12	9.07
施国庆	7	河海大学	36	11.94
李振华	7	湖北经济学院	10	11.13

作者	发文量	机构名称	H指数	AVE
李乾	7	华北水利水电大学	4	5.00
左萍	7	华北水利水电大学	6	12.50
孙良顺	6	湖南科技大学	1	5.75
郑瑞强	6	江西农业大学	19	12.00
姚凯文	6	华北电力大学	9	4.38
杨涛	6	黄河水利委员会移民局	6	11.75
史静	5	华北水利水电大学	3	4.75

2.3.4 研究热点、前沿与演进趋势分析

1. 研究热点分析

（1）关键词共现分析。运用CiteSpace进行关键词频次分析，得出水库移民后期扶持研究领域的前十大关键词。关键词是对文献内容的简要提取和主题的高度概括，可认为在一些年份呈递增上升趋势的关键词代表当前研究热点[63]。探测1993—2021年的研究热点并统计各关键词首次出现的年份，可以更好地反映我国在移民后期扶持的研究进展。将Node Types设置为Keyword，时间切片设置为1，其他参数默认软件设置。

关键词频次及其中心性统计表　　　　　　　　表2-4

关键词	年份	频次	中心性
后期扶持	1993	245	0.59
监测评估	2009	49	0.15
后期扶持政策	1993	48	0.20
大中型水库	2007	31	0.65
层次分析法	1993	30	0.10
移民	2001	27	0.18
模糊综合评判法	1993	19	0.12
后扶项目	2010	17	0.20
移民安置区	2007	16	0.29
实施效果	2011	16	0.07

由表2-4所示，关键词较高的有后期扶持（频次245），监测评估（频次49），体现了检索期间的研究热点。中心性较高的有大中型水库（中心性0.65），后期扶持

（中心性0.59），说明这两个层面与其他关键词关系紧密。综上，后期扶持的出现频次和中心性都较高，符合本次研究主题。

（2）关键词聚类分析。仅通过关键词频次分析，不足以显示本小节领域的发展脉络，因此利用CiteSpace进一步对关键词进行聚类，即根据算法自动提取数据之间的特性并将数据分成相应的类。LSI、LLR、MI为CiteSpace提供的三种不同算法，用于在施引文献的标题、关键字或摘要等不同位置提取聚类标签[64]。本小节采用陈超美教授推荐的LLR算法进行聚类，可直观地显示水库移民后期扶持领域的研究主题。最终得到的知识图谱中包含479个节点（Nodes），806条连线（Links），聚类模块值（Q值）=0.8631，聚类平均轮廓值（S值）=0.5318。一般认为，$Q>0.3$意味着聚类结构显著，$S>0.5$代表聚类图合理，对比发现本小节的聚类效果较好[65]。

根据LLR算法将样本文献按照研究特点进行聚类，得到14个模块，分别是#0后期扶持、#1 水库移民、#2 经济发展规划、#3 人均收入、#4 水库移民后期扶持、#5 产业扶持方式、#6 实施效果、#7 指标体系、#8 水库移民管理、#9 后期扶持项目、#10 建议、#11 产业扶持、#12 三峡水库、#13 农村水库移民。其中，标签#0、#1、#4有关水库移民和后期扶持，即本次研究的对象本身与移民后扶的研究历程和发展轨迹相悖，因此剔除这种大范围标签，把研究热点聚焦到切实反映移民的生产生活和社会的发展状况的移民问题。标签#3只体现移民的人均收入，不能综合反映移民的发展现状。因此采用人工归纳，把人均收入与经济发展规划相结合，并以人均收入为重要指标衡量经济发展规划的合理性，从而确定库区和移民安置区的经济发展方向。标签#11与标签#5重复，属于无效标签。标签#12只研究了三峡水库的后扶实施效果，研究对象过于狭窄，应人工归纳并入标签#6并作为该标签的典型案例，检查移民工作的实施情况。综上，本次研究一共提取8个聚类标签，分别为：#2 经济发展规划、#5 产业扶持方式、#6 实施效果、#7 指标体系、#8 水库移民管理、#9 后期扶持项目、#10 建议、#13 农村水库移民，如图2-3所示。

LLR测试倾向于反映聚类的唯一性和全面性，更适合于生成具有类内相似性和类间相似性的高质量聚类[66]。因此采用LLR算法主要提取了各聚类中对数似然值最大的三个标签词，代表这些群体在该聚类里频次最高，是该聚类的研究重心，并将对数似然值最大的关键词命名为该聚类标签名，以各聚类标签主要出现的年份为轴，能够更好地体现水库移民后期扶持领域在不同时期的研究热点[67]，如表2-5所示。

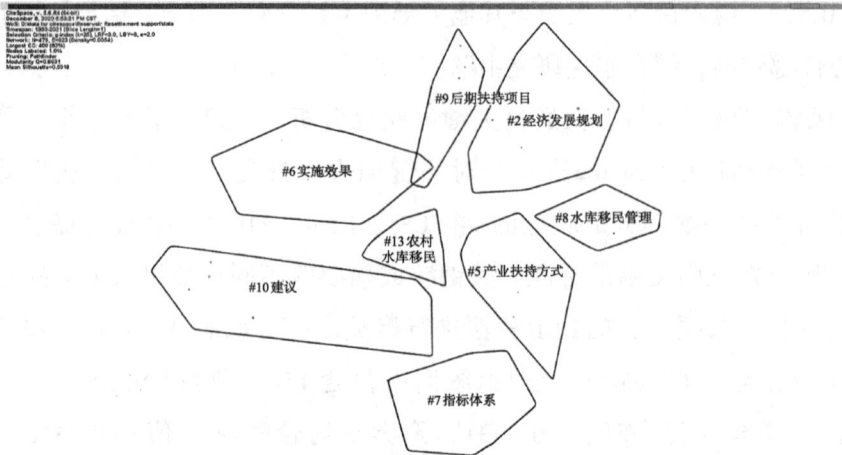

图2-3 关键词聚类分析图

关键词聚类标签   表2-5

聚类号	主要出现的年份	LLR对数似然值最大的三个聚类标签词
#2 经济发展规划	2012	经济发展规划（9.57）；大中型水库（9.57）；基础设施建设（9.57）
#5 产业扶持方式	2014	产业扶持方式（6.29）；后期扶持项目（6.29）；绩效评价（6.29）
#6 实施效果	2015	实施效果（16.74）；美丽家园（11.08）；综合评价（5.5）
#7 指标体系	2014	指标体系（11.25）；风险评价（11.25）；监测评估（7.55）
#8 水库移民管理	2009	水库移民管理（11.25）；管理（11.25）；制度设计（5.58）
#9 后期扶持项目	2015	后期扶持项目（12.23）；水利厅（6.06）；建设管理（6.06）
#10 建议	2013	建议（12.46）；问题（6.17）；管理体系（6.17）
#13 农村水库移民	2012	农村水库移民（7.62）；征地补偿（7.62）；稽查审计（7.62）

聚类#2"经济发展规划"的研究领域为大中型水库和基础设施建设，最显著的评价指标为人均收入。"国家采取开发性移民方针，采取前期补偿、补助与后期扶持相结合的办法，使移民生活达到或者超过原有水平"的条例颁布之后，各库区、移民安置区以基础设施建设为重点，着力改善移民生产生活条件，把帮助贫困人口稳步脱贫致富、减少移民搬迁后产生新的贫困体作为首要目标[68]；明确项目责任主体，健全项目推进机制，确保移民项目建设有序推进。程珊珊[69]提出以人为本，加快移民安置区的基础设施建设，目的在于：以满足移民群众生产生活为基础，加快二三产业发展，吸纳更多的就业机会与人才，拓宽移民就业道路，促进移民增收，为农村经济发展、脱贫致富奔小康打下基础。高佩佩[70]认为，对水库移民进行经济发展规划是重建生产体系，重组社会关系网络，改善移民生产质量和生活水

平，提高移民归属感，培育移民幸福感的举措。

聚类#5"产业扶持方式"标签中频次较高的主题词有后期扶持项目，绩效评价。产业扶持是后期扶持方式中的一种，要结合乡村振兴战略要求，创新扶持方式、提高项目资金使用效率、提高移民群众的生产积极性，助力移民乡村振兴[71]。产业扶持方式包括但不限于特色产业发展、乡村休闲旅游开发、农产品深加工供应，这为大中型水库移民安置区的产业规划和发展提供思路与选择。赵元科等[72]通过OLS及分位数回归分析得出，生态旅游、物流供应链等二三产业的发展显著提高了移民的就业质量，而移民技能培训、移民返农生产等对移民经济增长效果不显著，因此鼓励移民转入非农产业对改善移民可持续生计有较大影响。但产业扶持也有其"暗面"存在，如王韬、胡勇[73]通过对6种后期扶持方式对比研究，发现产业扶持不涉及移民基层保障，且投资项目具有资金大、风险高、收益时间长等不确定因素，也有可能带来移民群众贫富差距增大，影响移民生活稳定。

聚类#6"实施效果"主要是对库区和安置区美丽家园建设情况的综合评价。江小青等[74]在重庆开县系统调查了安置区移民样本户的生活安置情况，从居住条件、生产设施、人均收入、消费状况对安置效果进行了分析，研究得出移民的生活安置取得初步成效，为美丽家园建设打下良好基础。美丽家园建设是满足人民日益增长的美好生活需要、促进移民乡村振兴的重要举措，是改善移民生产生活环境的现实要求，要以"建一个新村，育一方人民"为标准。蒋越[75]认为，使搬迁移民享受到中国新农村的美丽景色和休闲设施是移民应有的权利，一切发展要以维护库区社会发展稳定为前提。美丽家园的建设会带来移民收入水平、消费水平、生产生活条件、基础设施、发展保障等方面的改变，因此对美丽家园实施效果进行综合评价时要囊括这些指标。苑鹏飞[76]规划了一个合理的评价流程，内容包含对评价指标进行初选并剔除重复性指标；对指标分级；确定权重；构建评价模型；将模型用于实例分析；得出评价结果并给出建议，如图2-4所示。

聚类#7"指标体系"是指对大中型水库移民后期扶持监测评估的实施效果和风险评价构建指标体系，该指标可以有效衡量移民在后期扶持政策下的生活水平、经济状况、社会环境。若风险评价与监测评估综合评价结果相一致，则表明本次风险评价可行。杜瑞芳[77]以河南省淅川县大中型水库移民后期扶持监测评估工作为基础构建评价指标，并对该指标体系进行实地调查获取样本数据，运用BP神经网络模型进行数据处理，得出风险评价结果并与监测评估效果对比一致，表明该地区移

```
                    ┌──────────────┐         ┌──────────────┐
              ┌────→│ 参考指标选取的│────────→│ 对指标进行初选│
              │     │    文献       │         │              │
              │     └──────────────┘         └──────────────┘
              │     ┌──────────────┐         ┌──────────────┐
              │────→│  复相关系数   │────────→│  剔除重复性   │
 ┌─────────┐  │     │ 指标信息灵敏度 │         │  信息指标    │
 │确定评价  │  │     └──────────────┘         └──────────────┘
 │指标权重  │──┤     ┌──────────────┐         ┌──────────────┐
 └─────────┘  │────→│  K均值聚类法  │────────→│  对指标分级   │
      │       │     └──────────────┘         └──────────────┘
      │       │     ┌──────────────┐         ┌──────────────┐
      │       └────→│ 两类指标赋权法 │────────→│ 确定权重,使评 │
      │             │              │         │ 价结果更准确  │
      ↓             └──────────────┘         └──────────────┘
 ┌─────────┐        ┌──────────────┐
 │构建评价  │   ┌───→│建立基于偏离函数│
 │模型      │───┤    │的改进 可拓展模型│
 └─────────┘   │    └──────────────┘
      │        │    ┌──────────────┐
      │        └───→│建立水库移民后期│
      │             │扶持效果评价模型 │
      ↓             └──────────────┘
 ┌─────────────┐    ┌──────────────┐
 │将改进可拓展模型│──→│ 给出评价结果  │
 │应用于实例分析 │    │  和建议      │
 └─────────────┘    └──────────────┘
```

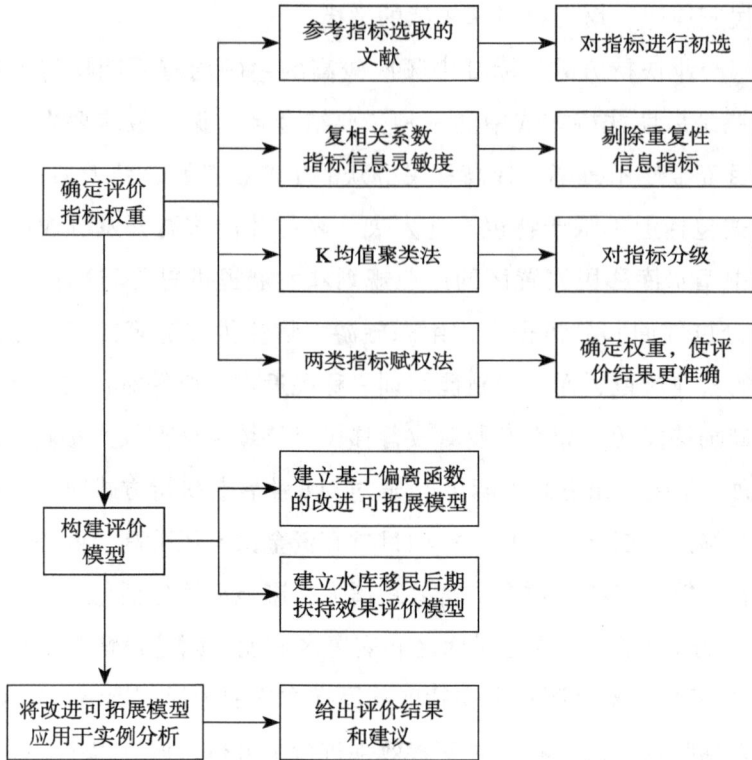

图2-4 实施效果评价流程图

民群众的生产生活水平得到一定的恢复。新时代对大中型水库后期扶持工作设立了更高的目标,Jiao H等[78]将移民生产生活水平、基础设施水平、移民满意度等构成指标体系,对移民后期扶持监测评估的实施效果从资源配置、项目效益、保障标准等方面进行评价,提出了改进和完善扶持政策的建议。GuangBo L等[79]通过指标体系研究了后扶政策与移民的可持续生计之间的关系,得出后期扶持政策的实施效果在后期扶持政策与移民的可持续发展之间架起了桥梁,开放民主的后期扶持政策对移民的可持续生计起到积极影响。

聚类#8"水库移民管理"和聚类#9"后期扶持项目"主要是针对库区项目进行管理和制度设计,确保基础设施建设等项目工作顺利完工,维护移民群众的基本利益。强化移民管理的措施是以水库移民后期扶持监测评估过程中存在的问题为基础而提出的,鉴于此,了解移民群众在生产生活中出现的问题至关重要。孙良顺[80]以水库移民社区为研究对象,因其属于外来性质的搬迁安置而与一般的农村社区不同,应从发展资源、发展需求、发展动力等方面促成水库移民社区形成长效发展机制，精准破解社区发展难题。文岩[81]指出，由于一些老干部实行老措施，导致项目在规划设计过程中经验不足、后期涉及的变更较多、投入成本上升，且收益不理想。这些问题的解决有赖于各管理部门相互交流、分工合作、完善机制，让移民充分参与到项目建设中并实时监督项目建设进度。田亮[82]转变移民后期扶持管理的方向和思路，将项目资金集中投放，用短、平、快的项目规模快速带动收益，同时转换项目谋划思路，因地制宜，打造迎合新时代大众喜爱的旅行观光和电子生产业，最后让移民群众充分参与到项目选择中，集思广益、以人为本、发挥村镇主观能动性，切实满足移民日益增长的物质文化需求。姜事呈等[83]根据广西壮族自治区的现状，在充分利用后期扶持资金的基础上设立项目管理信息系统了解全省的项目实施情况，识别并解决出项目共有的问题，有效提升了移民后期扶持项目的管理能力。

聚类#10"建议"主要针对水库移民后期扶持中存在的管理问题和精准脱贫问题提出解决方案。随着国家经济和生态环境的和谐发展、移民群众生产生活需求的进一步加大，后期扶持项目的建设也逐渐复杂，建立合理先进的标准化管理体系日益迫切。王韬、陈重霖[84]认为，首先做好移民群众的引导工作，集中资金建设绿色项目，以点带面促进库区整体经济发展，确保移民"搬得出、稳得住、逐步能致富"，同时应把移民后期扶持项目的特有性质纳入标准化管理体系。朱夏芬[85]针对行政村合并后村干部话语权减弱问题提出建议：合并后的行政村要统筹全村，坚持公开透明的原则实行大中型水库移民后期扶持项目管理，尊重移民意愿，带动移民在项目建设方面的积极性；针对资金使用不规范问题提出建议：（1）提高项目结报率，保证项目能顺利完工并投入使用。（2）坚持公平公开透明原则，加大资金监管检查和审计力度，严禁挪用移民资金，确保资金专款专用。孙良顺[86]认为，要想把扶贫政策落到实处，必须转变形式合理的政策为实质合理的方案，切实为带动移民的经济发展做出实事。

聚类#13"农村水库移民"主要研究移民的幸福感和水库移民监督检查工作。研究表明，补偿高低和补偿方式对移民的幸福感起到影响，孙海兵、赵旭[87]应用结构方程模型实证分析了征地补偿对移民幸福感起到显著的正向作用，提出合理提高征地补偿标准、精准扶贫、对口支援，能促使移民幸福感提升。潘尚兴、李彦强和刘卓颖[88]指出，稽查审计是监督检查工作的主要方式，在全国范围内规范有序开展能推进水库移民后期扶持工作平稳前进，并据此提出几点建议：（1）稽查审计工作要落实责任主体，细化监管责任；（2）利用以往监督检查成果，举一反三解决相关问题，各地移民管理部门及时自查自纠，做到"有则改之，无则加勉"。

综合关键词频次、中心性、聚类分析与人工归纳的结果，本小节识别出水库移民后期扶持研究的四大热点：水库移民后期扶持方式及经济发展规划、后扶项目的实施效果评价、水库移民的动态管理和水库移民后期扶持监测评估等。

2. 研究前沿分析

CiteSpace软件提供Burst detection（突变检测）的功能来探测在某一时段引用量有较大变化的情况。以某一个主题词、关键词衰落或者兴起的情况，描绘水库移民后期扶持研究领域的变化趋势和研究热点。Time Slicing（时间分片）设置为1993—2021年，Node Types（节点类型）选择Keyword（关键词），其余默认软件参数设置，得到移民后期扶持研究领域20个突现强度最高的关键词，如图2-5所示。Begin和End代表关键词出现突现的起止年份，加粗段表示该关键词突现的时段，Year代表关键词首次出现的年份，因此Begin出现的年份≥Year出现的年份。如图2-5所示中，由于绩效评价（突现强度=2.29，突现年份=2017—2021年）和乡村振兴（突现强度=3.45，突现年份=2020—2021年）等关键词在近年来出现激增的情况，所以可视为现阶段水库移民后期扶持研究的前沿。

Keywords	Year	Strength	Begin	End	1993—2021
水库移民	1993	1.3863	1993	1993	
政策研究	1993	1.3645	2003	2003	
后期扶持政策	1993	1.695	2004	2010	
后期扶持	1993	3.2693	2006	2008	
移民安置	1993	4.8021	2008	2011	
项目扶持	1993	1.3149	2009	2009	
移民村	1993	1.8663	2010	2013	
问题	1993	1.5613	2013	2013	
实施效果	1993	1.4221	2013	2013	
效果评价	1993	2.1454	2014	2016	
监测评估	1993	3.5964	2014	2016	
综合评价	1993	1.487	2014	2017	
对策	1993	1.8648	2014	2014	
后期扶持项目	1993	2.1415	2015	2015	
建议	1993	1.8333	2017	2021	
绩效评价	1993	2.2948	2017	2021	
后期扶持资金	1993	1.9185	2017	2017	
对策建议	1993	1.9304	2018	2018	
移民安置区	1993	4.0702	2018	2019	
乡村振兴	1993	3.4463	2020	2021	

图2-5　水库移民后期扶持研究关键词突现情况

3.研究演进脉络分析

通过分析关键词在某一阶段的突现情况，可以判定水库移民后期扶持研究的阶段性特征和演进趋势[89]。如图2-5所示显示各阶段出现激增的关键词有后期扶持政策、移民安置、监测评估、综合评价、建议、绩效评价、乡村振兴，基于此，将水库移民后期扶持的演进历程分为后期扶持政策的发展（1993—2007年）、助力后期扶持政策的实施（2008—2015年）和注重后期扶持效果的评价（2016年至今）三个阶段。

（1）水库移民后期扶持政策发展阶段（1993—2006年）。1991年2月，《大中型水利水电工程建设征地补偿和移民安置条例》（国务院第471号令）的颁布标志着水库移民后期扶持政策的确立[90]。这一阶段的研究重点为水库移民后期扶持政策研究，针对我国早期非自愿农村移民的安置规划不合理、补偿标准过低、移民权益得不到基本保障、社会发展不稳定等一系列问题，我国正式出台了水库移民后期扶持政策，并以法律形式规定采取开发性移民方针变移民救济为移民扶持，表明移民的发展得到重视。

（2）水库移民后期扶持政策实施阶段（2007—2015年）。如图2-5所示，该阶段的研究关键词以移民安置、项目扶持、监测评估、综合评价为主。孙良顺指出了解决我国水库移民安置区的遗留问题，主要从产业扶持方面入手制定帮扶措施和配套文件，将外部资源转化为库区发展动力，提高扶持标准、对口支援[91]。最后针对扶持效果进行监测评估，以期调整产业扶持方式使移民群众生产生活条件达到或超过原有发展水平。后期扶持政策实施的目的在于促进库区和移民安置区的社会经济和生态环境协调发展。后期扶持政策实施的途径主要是技能培训和产业扶持，通过现代化产业的开发减少库区闲散人员，给移民带来就业机会和先进技术；同时深化农作物产业链，利用独特的优势资源拉动经济增长[92]。产业扶持不仅局限于基础设施建设，更重要的是提高人民的收入水平，即人均可支配收入增加。后期扶持政策实施的评价体系主要是对水库移民进行监测评估，包括移民生产生活条件、直补资金发放、居住条件、交通医疗等方面的调查，打造和谐稳定的社会网络关系，提高移民幸福感。

（3）水库移民后期扶持政策评价阶段（2016至今）。2015年是"十二五"规划的收官之年，水库移民工作已初见成效[93]。2016年以后的绩效评价和政策实施要以乡村振兴和美丽家园的建设为途径、为目的。打造安置区生态环境良好，社会和谐稳定，移民安居乐业，收入稳定增长的移民新村，既有效降低安置区移民贫困群体返贫率、将贫困群众"扶上马再送一程"，又符合新时代社会主义思想和两个一百年奋斗目标，为逐步实现全体人民共同富裕作出重大贡献。

2.3.5 文献评述

水利水电工程是一个涉及移民搬迁安置、补偿扶持、经济发展、社会关系重组等多个方面的综合性研究[94]。但是现存的研究大多针对特定时期的移民问题进行研究，缺少水库移民后期扶持工作的整体综述，因而开展一项基于CiteSpace的水库移民后期扶持发展脉络的研究十分必要。本小节以中国知网（CNKI）学术期刊库为数据来源收集水库移民后期扶持研究的相关文献，通过文献计量分析法揭示该领域的整体情况，主要得出下述研究结果：发文的高产作者以张春美、施国庆为代表；高产机构有华北电力大学、河海大学；水库移民后期扶持的研究热点涉及后期扶持方式及经济发展规划、后期扶持项目的实施效果评价、水库移民的动态管理、水库移民后期扶持监测评估等较多方面；现阶段水库移民后期扶持的研究前沿为绩效评价和乡村振兴。

近年来，我国水库移民后期扶持工作从国情出发，采取开发性的移民后期扶持方针，紧紧围绕"稳得住，逐步能致富"这一移民工作主线[95]。以明后扶政策为引领、以促库区发展为动力、以监督检查为抓手、以经济增长和生态文明协同发展为出发点和落脚点，切实加强水库移民后期扶持工作力度，不断激发移民群众经济创新活力。尤其2006年《国务院关于完善大中型水库移民后期扶持政策的意见》（国发〔2006〕17号）提出对纳入扶持范围的农村移民每人每年补助600元，扶持期限为20年，弥补了以往一次性补偿方式的有限性和不可持续性；同时建立移民安置基金，坚守"成果共享，风险共担"的理念，将移民群众纳入项目利益共同体中，使移民长效补偿机制平稳发展[93]。此外，在后期扶持项目实施阶段将"县级负责、部门主管、乡镇组织、村组实施"的原则贯穿始终，在项目实施前将项目建设内容进行公示，强化移民资金管理，解决移民资金使用不透明、移民群众不知晓等问题；坚持使移民群众参与到项目建设中，及时对项目监督检查；项目竣工验收后，按照"谁受益，谁所有，谁养护"的原则进行后期管护，杜绝项目因管护不到位而二次投资建设[96]。新形势下将后期扶持工作与乡村振兴战略深度融合，有助于整合多方资源加快发展移民新村建设，推进绿色发展、低碳发展、切实保障移民权益、解决移民在生产生活中的问题、提高移民收入和幸福感，实现库区移民经济、社会、生态的全面融合。目前水库移民后期扶持监评工作发展得较为完善，但是水库移民后期扶持绩效评价尚处于试点开展阶段，建立一套科学、准确的绩效评价指标体系迫在眉睫[97]。

基于以上分析，开展水库移民后期扶持绩效评价的相关研究就显得尤为必要。

2.4　水库移民后期扶持绩效的评价

2.4.1　水库移民后期扶持绩效的评价指标

关于绩效评估（Performance Evaluation），又称绩效评价、绩效考评，最早应用于企业管理，是企业人力资源管理的核心内容之一。所谓评估，通常指组织或个人为实现特定的目标，通过设定一系列的评价指标和程序，参照相应的标准，运用科学的理论和方法，对特定行为或活动进行的评价活动。因此，在企业管理中，绩效评估通常被认为是运用科学的理论、方法、程序与标准，对员工在职务上有关的绩效信息（工作行为和工作效果等）进行观察、收集、分析，并尽可能作出准确评价的过程[98]。其目的是全面考核员工工作绩效，为员工职务、薪酬调整等提供依据，激发员工工作热情，推动组织良性发展。

随着经济社会的不断发展，绩效评估逐渐拓展到经济学、管理学以及社会学等众多领域。随之，绩效评估的内涵也逐渐拓展为按照既定目标对活动、行为或项目运行结果进行评价的过程，即采用科学的理论和方法，通过设置一定的评价指标和评价标准，对评价对象实现绩效目标的程度以及为实现目标而所作的一系列努力行为和结果进行综合性评价，并将评价结果予以反馈，作为绩效改善的依据。其目的在于提升管理效率。在绩效评估的基础上，逐渐形成了绩效管理理论[99]。目前，绩效评估与绩效管理已经应用到各行各业，并发挥着至关重要的作用。

1.水库移民后期扶持绩效评估的内涵

近年来，党中央、国务院高度重视预算绩效管理工作，党的十九大报告提出，要建立全面规范透明、标准科学、约束有力的预算制度，全面实施绩效管理。绩效评估是检验工作成效的重要手段，也是贯彻政府预算基金绩效管理的关键一环。2017年6月，水利部水库移民开发局下发通知，要求各省开展水库移民后期扶持资金绩效评估工作，并将绩效评估作为后期扶持资金使用管理及监督考核的基础。根据绩效与绩效评估的内涵，水库移民后期扶持绩效评估可理解为运用相关理论和方法，按照一定的流程、标准和层次对水库移民后期扶持工作开展情况以及后期扶持效果进行综合评判。基于评估结果，可以制定有针对性的绩效提升措施，从而达到提升后期扶持绩效的目的。

2.水库移民后期扶持绩效评估的特点

系统论认为，世间万物构成了大大小小的系统，大系统由许多子系统组成，而每个子系统则由更小的子系统组成。水库移民后期扶持项目涉及人口多、分布面广、投资量大、过程复杂、资金涉及管理层多，无疑是一个复杂的系统工程。针对水库移民后期扶持绩效评估，从系统分析的角度来看，其具有以下四个方面的特征。

（1）多因性。多因性指绩效结果受多方面因素的影响。水库移民后期扶持是一个复杂的系统工程，后期扶持绩效影响因素众多。其中，不仅包括自然、环境、经济、社会等诸多因素，与此同时还受政策制度以及人的行为、管理能力、管理水平、管理制度等方面因素的影响。因此，对水库移民后期扶持绩效的有效评估需要考虑上述各方面因素的影响。水库移民后期扶持绩效评估具有多因性的特点。

（2）动态性。如上所述，水库移民后期扶持工作是一个持续不断的过程，并且后期扶持绩效受到多种因素影响，而这些因素大都处于不断变化中。因此，水库移民后期扶持绩效也会随着时间的推移而发生变化，呈现动态性的特征。在进行水库移民后期扶持绩效评估时，需要考虑时效性的问题。需要定期对水库移民后期扶持效果进行评估。

（3）多维性。多维性是指要从多个不同的方面和维度对水库移民后期扶持绩效进行评估。首先，水库移民后期扶持是一个持续的过程，涉及面广。后期扶持效果评估问题涉及时间和空间两个维度。而从水库移民后期扶持工作开展过程来看，不仅要考虑后期扶持的实施和管理，还要考虑扶持的成效和结果。从资金使用效益角度来看，水库移民后期扶持评价不仅要包括产出、成本，还要包括经济效益、社会效益和服务对象满意度等。因此，对水库移民后期扶持绩效的有效评估需要从多个不同的方面和维度进行。

（4）绩效数据多样性。移民后期扶持绩效评估数据具有空间和时间分布特征，可建立面板数据模型来分析评估绩效；移民后期扶持绩效指标数据有定性数据和定量数据，指标绩效水平具有模糊性和不确定性，需要应用不确定理论和方法进行绩效评估。

3.评价指标选取

绩效管理理论指出，评价指标体系的构建和设计是绩效管理和绩效评估最为核心的内容之一。建立科学合理的绩效评价指标体系是提高管理绩效的重要杠杆和基础。水库移民安置区后期扶持绩效综合评估涉及经济、社会、管理等多个维度，涉及范围较广，种类较多。平衡计分卡法（Balanced Score Card，BSC）能够反映财务指标与非财务指标之间的平衡，战略目标与战术目标之间的平衡，行为过程和行为结果之间的平衡等多个方面的平衡。

基于BSC选定的指标体系能全面综合反映工作整体情况，从而进行精确地绩效评价[100]。为了建立科学合理的水库移民安置区后期扶持绩效综合评估指标体系，首先采用BSC将水库移民安置区后期扶持绩效指标进行分解，从而构建水库移民安置区后期扶持绩效评估的一级指标。在此基础上，采用关键绩效指标法（Key Performance Indicator，KPI）选取水库移民安置区后期扶持绩效评估二级、三级指标。选择KPI最重要的是应该了解核心关键，构建一个关键的可操作、可计算、可分析的由关键过程指标组成的绩效指标体系，该指标体系把实现战略目标划分到具体的可操作层面，是将目标的分解细化[101]，有效地掌握评价的重点部分以及关键要素，从而避免指标选取的重复性。

4.指标权重确定

在水库移民安置区后期扶持绩效评估中，为使评价结果科学合理，确定绩效评估指标权重显得尤为重要。目前确定权重的方法主要包括主观法和客观法两大类，两种权重计算方式各有优缺点：主观权重确定方法的缺点为权重的计算有较强的主观性；客观权重确定方法得到的权重尽管能够较为客观地反映各评价指标对绩效的影响程度，但忽略了评价者对系统的主观认识，容易出现权重值与实际重要程度相违背的现象。为了避免单一权重确定方法的缺陷，需要兼顾指标权重的客观性和专家的知识经验，从而实现指标赋权结果更加科学。因此，本小节将主观权重确定方法中的模糊层次分析法（Fuzzy Analytical Hierarchy Process，FAHP）与客观权重确定方法中的熵权法相结合，形成一种主客观综合权重确定方法来计算安置区后期扶持绩效评估指标的权重。

5.评估模型构建

水库移民安置区后期扶持绩效水平处于不断改进的过程中，受经济社会发展水平影响较大，并且由于后期扶持绩效影响因素之间的关系比较复杂，导致了它们对绩效的影响具有一定的模糊性和不确定性。1995年，我国工程院院士李德毅教授基于概率论和模糊数学理论提出了云理论，该理论通过云模型的构建能够将数据的模糊性和随机性进行有效结合，以达到定性概念和定量数值两者之间自然转换的目标[102, 103]。云理论的优点是能够呈现出隶属函数的不确定性，以更准确地刻画人类语言和思维的灵活性和柔和性，更接近自然语言和人类思维的过程。云理论自提出到现在已有二十多年，已逐渐被运用到评价、决策分析以及数据挖掘等领域中[104, 106]。云理论能够有效解决水库移民后期扶持绩效评估指标评价模糊性和不确定性的问题。因此，基于云理论来构建水库移民安置区后期扶持绩效综合评估模型。

2.4.2 水库移民后期扶持绩效的评价方法

针对水库移民安置区后期扶持综合绩效评价方法问题。首先，基于文献分析确定水库移民后期扶持安置区绩效综合评估指标体系构建的原则和方法。其次，采用BSC的思想将水库移民安置区后期扶持绩效指标进行分解，从而选取出一级指标。在此基础上，采用KPI构建水库移民安置区后期扶持绩效评估二级和三级指标，从而建立水库移民安置区后期扶持绩效综合评估指标体系。随后，基于FAHP计算出各级指标主观权重，利用熵权法确定出各级指标客观权重，对两种权重确定方法所计算得到的权重进行组合得到最终的指标权重。针对评价指标的模糊性，基于云理论构建水库移民安置区后期扶持绩效综合评估云模型，从而构建起水库移民安置区后期扶持绩效综合定量评估体系。对河南省6个典型区域水库移民后期扶持效果进行实证分析，以验证评估方法的有效性，并具体分析6个区域后期扶持工作的不足。最后，针对各区域存在的不足之处，提出相应的对策建议。

2.5 水库移民后期扶持绩效的提升措施

2.5.1 管理学范式的提升措施

水利项目是国家重点发展的项目，大多是由政府管理的公共项目，一直以来也是政府投入资金，然后移交管理部门进行建设管理。在进行管理学范式提升措施分析时，要考虑到它的公共项目属性。

管理学范式，是管理学方法体系中的最高层次。它主要是从科学、哲学角度探讨与学科体系和基本假设有关的一般原理问题，即指导管理研究的原则、逻辑基础以及学科的研究程序和研究方法等问题。水库移民后期扶持属于公共项目，对于公共项目管理绩效而言，评价是一种手段，提升改善才是最终目的。

根据其绩效提升的思维方式可分为机械式改善方法和系统式改善方法[107]。

1.机械式改善方法

机械式改善方法，即先将项目管理这一整体分解为若干局部，然后对各局部分别进行改进，试图达到项目管理绩效的整体提升。机械式改善方法是使用最早的项目管理绩效改善方法，并且其研究的局部涉及计划、领导、组织、控制、人力资源管理、安全管理等的方方面面。然而，机械式改善方法对于项目管理绩效的改善是通过"局部用力"或者"分散用力"来实现的，因此，其对项目管理绩效整体的提高是有限的，导致改善效果相对来说不是非常理想。

2.系统式改善方法

鉴于机械式改善方法的局限性，专家们开始将项目视为一个系统，试图寻找一种全过程、系统化方法来实现项目管理绩效的大幅度提高，因此，将某种解决问题的方法论或逻辑思维运用到项目管理全过程中的系统式改善方法逐渐成为研究的热点。

项目的全过程、系统化改善主要体现在以下方面：

（1）试图将企业管理中的一些系统化理论引入项目管理领域中来，如运用企业流程再造（Business Process Reengineering，BPR）的理论来达到项目成功的目的，提出了项目流程再造（Project Process Reengineering，PPR）框架，该框架通过消除无价值工序，同时通过应用信息系统来加强项目各活动之间的关系，并在项目全过程中运用风险管理技术，从而达到提高项目管理绩效的目的[108]；将标杆管理（Benchmarking）的思想引入项目管理中来[109]，在此基础上建立了基于标杆管理的公共项目管理绩效改善模型（IPPMP）[110]；借鉴价值管理理论，通过对项目价值链的管理来提高项目价值[111]。

（2）项目成功的概念出现后，大量研究开始围绕项目成功标准以及项目成功关键因素（CSFs）展开，项目成功标准即为项目管理绩效改善的目标，而项目成功的关键因素即为绩效改善的着力点，项目管理绩效改善就是要寻找"目标"和"着力点"，而后对"着力点"进行一系列的重点管理，以求达到"目标"。代表性成果如项目卓越模型（PEM）[112]。

综上所述，管理学范式的改善方法对于公共项目和私人项目都是通用的，无论是机械式改善方法还是系统式改善方法，均属于项目管理的范畴，因此，对于水库移民后期扶持项目，通过管理学范式来改善和提高，是科学的，也是合理的。

2.5.2　经济学范式的提升措施

对于水库移民后期扶持绩效的提升措施，除了管理学范式的提升措施，经济学范式层面的提升措施也是必不可少的。所谓经济学范式，就是运用经济学思想的坐标、参照系与基本方式，开展经济学研究、建立经济学体系的基本模式、基本结构与基本功能。管理学范式改善方法的研究起步较早，发展得已经相对成熟，但却逐渐地无法包容现有改革实践中出现的"危机"，此时，客观上需要新的范式，因此经济学范式改善方法应运而生。

改善方法根据其改善对象的特征，可分为管理模式创新和管理机制优化。在水库移民后期扶持项目方面，可根据其项目特征去进行优化提升。

首先是管理模式创新，项目管理模式是指业主管理工程项目的方法，它明确的是业主及其他主要项目参与方（如果有的话）之间的契约关系，即业主授予其他主要项目参与方的权限大小和工作范围。过去，公共项目的管理模式单一，均为政府垄断的传统采购方式，随着项目管理技术的发展、项目市场的逐渐完善以及私人投资的不断增加，相关理论研究及实践探索使得各种各样的项目管理模式陆续出现，新建公共项目的管理模式发展主要经历了四种状态，其发展趋势表现为私营部门的参与不断深入，公共项目管理越来越专业化、市场化。

各种公共项目管理模式在实践中的运用是十分灵活的，包括水利项目，公共部门通常可以为了达成目标而将某种公共项目管理模式进行随意改进，如上海卢浦大桥项目将代建单位——上海黄浦江大桥建设有限公司也吸纳到项目法人实体中形成了入股型代建模式，从而使得该公司成为"代建人"和"股东"的双重角色，激励其管理潜能；刘晓君和张宏针对我国实行BOT模式过程中出现的问题提出了基于BOT与TOT（Transfer-Operate-Transfer，转让—经营—转让）的基础设施项目融资与管理模式TBT[113]。正因如此，才形成了当前多种公共项目管理模式共存且竞相发展的态势，而且这些公共项目管理模式各具特色，各有侧重，对公共项目管理绩效的提升起到了积极的作用。

管理模式创新是从公共项目契约关系的结构方面入手来实现绩效改善，而管理机制优化则是从契约关系处理的措施和手段方面入手，这方面的相关文献主要包括以下三方面的内容。

（1）试图寻找合理的风险分担，如Li Bing等通过问卷调查及相关数据的统计分析，探讨了在英国采取PPP/PFI模式的公共设施项目中如何实现最合理的风险分担。他们认为，合理的风险分担有助于政府实现PPP/PFI项目的物有所值[114]。

（2）进行合作的私营单位的选聘机制，如Robert和Alum通过理论分析及问卷调查确定了政府在BOT项目投标文件评选中所应考虑的一系列标准，并说明了Kepnoe-Tregoe决策技术的实用价值[115]。

（3）确定合理的取费机制，这方面文献主要是关于我国代建取费的，如严玲等针对我国代建管理取费现状及其存在问题，提出了从项目所有权配置以及风险分担的视角对代建取费进行研究，并对我国当前代建合同中的取费机制提出了改进意见[116]。

水库移民后期扶持项目，任务重、项目多，经济学方面涉及得十分广泛，通过经济学范式来分析绩效的提升措施，会带来良好的效果。

2.5.3　水库移民后期扶持绩效提升策略

水库移民后期扶持绩效提升策略必须有针对性地提出，在研究水库移民后期扶持绩效提升措施比较分析时，需要量化各个影响因素/指标的重要程度，明晰各影响因素之间影响与被影响的关系。

（1）Martilla和Jame于1977年提出绩效重要性分析法（Importance-Performance Analysis，IPA），用于研究工业产品的属性。该方法使用起来较为简单，在众多领域得到广泛应用[117, 120]。IPA能够明确区别出对于同一个决策目标而言，评价属性的重要性程度和绩效水平的不同，给复杂多属性决策问题带来了新的思路。基于IPA可得到绩效指标的重要性程度和绩效水平。因此，基于IPA来确定水库移民后期扶持绩效提升影响因素的重要程度。

（2）数据包络分析法（Data Envelopment Analysis，DEA）梳理县域尺度下投入规模和产出效益的关系，从水库移民安置区经济发展和移民群众收入支出水平变化层面，水库移民后期扶持增收效果是定量研究多个县（市）的多种投入指标对产出指标增加贡献的能力。而DEA正是一种用来比较相似决策单元（Desision Making Unit，DMU）之间、多个投入指标和产出指标之间、效率的数学规划方法和复杂的投入产出比[121]的线性规划模型，通过一个特定单元的效率和一组相似单元绩效的比较，使各评价单元的效率最大化，所以该方法计算出的效率是相对效率。在此过程中，效率为100%的单元被称为DEA强有效；效率低于100%的单元被称为非

DEA有效。若某决策单元DEA有效，输入指标和输出指标达到最优解，则DMU增收效果在此模型中达到最优化；反之，其存在提升空间。该方法在效益评价方面的优点如下：一是可以解决同时有多个输入和输出指标的绩效问题；二是输入和输出指标的权重不由评价者主观设定，而是通过构造目标函数，根据Charnes-Cooper变换，把分式规划问题转化为线性规划问题，以最优化计算过程确定，从而提高了对决策单元的评价的客观性；三是样本数据通过DEA模型的计算，可得到决策单元指标的投入冗余及产出不足情况，为非有效单元提供改进依据。

（3）决策与评价实验室方法（Decision Making Trial and Evaluation Laboratory，DEMATEL）是美国学者Bottlelle为筛选复杂系统中的主要要素，简化系统结构分析过程而提出的方法。该方法将图论与矩阵相结合，依据系统中各因素之间的逻辑关系，构建直接影响矩阵，从而能够计算出水库移民后期扶持各因素的影响度、被影响度。基于DEMATEL分析能够确定水库移民后期扶持绩效提升各影响因素之间影响与被影响关系。

DEA、IPA及DEMATEL分析为水库移民后期扶持绩效提升问题的解决提供了良好的思路，拟采用IPA和DEMATEL方法来研究水库移民后期扶持绩效提升途径问题。

首先，基于已构建的水库移民后期扶持绩效评估体系和评估结果，采用IPA方法分析水库移民后期扶持绩效指标所处的绩效水平状态及其对应的重要程度。然后，通过DEMATEL分析测量指标之间的直接影响和间接影响，进而得出指标之间的总影响以及对应的影响关系图。考虑指标之间相互影响作用，得出指标最终的改进方向。最后，将指标状态、重要程度及改进方向相结合，提出有针对性的水库移民后期扶持绩效提升途径及措施。

2.5.4 水库移民后期扶持绩效提升措施研究的现状解析

在当下，关于水库移民后期扶持绩效提升措施的研究有很多，但是他们的研究总是过于片面化，整体来看，他们的研究在分析微观层面时，忽略宏观层面分析，或者在分析宏观层面时，忽略微观分析。而本书的两层分析法，从两方面来分析水库移民后期扶持绩效措施，更加具有合理性。

结合前几节的内容来看，围绕水库移民后期扶持绩效评估与提升，整体上从微观到宏观的角度按照移民个人增收效果、安置区整体绩效以及绩效提升的主线展开研究，总体研究框架如下：

（1）水库移民后期扶持增收效果评估模型研究。从微观层面对现阶段水库移民后期扶持政策的量化分析，其目的是对现有水库移民后期扶持政策对于增加移民收入的有效性进行评价。具体而言，主要从水库移民收入分析入手，基于面板数据分析模型，选取工资性收入、项目扶持资金、直补资金和移民技能培训四个因子，通过面板数据分析对现有水库移民后期扶持增收效果进行评价。具体分析见第3章。

（2）水库移民安置区后期扶持绩效评估模型研究。主要是从安置区的角度，通过绩效评估模型构建，对整个水库移民后期扶持工作绩效进行全面评估。其目的是全面评估水库移民安置区层面后期扶持工作的管理和实施效果。评估主要包含经济绩效、社会绩效、管理绩效和机构能力建设绩效四个方面。具体分析详见第4章。

（3）水库移民后期扶持绩效提升途径分析方法。运用IPA和DEMATEL方法研究水库移民后期扶持绩效提升措施的制定。IPA通过对每项指标的重要性程度和绩效水平的计算分析，可将指标按重要性程度和绩效水平划分为四类，从而识别出不同指标需要改善的不同特征。同时考虑指标之间两两相互影响作用，引入DEMATEL方法，得出指标改进的方向。由IPA方法识别出需要改善的指标，结合DEMATEL方法得出指标改进的方向，得出水库移民后期扶持绩效提升措施，为水库移民后期扶持绩效提升措施的制定提供可靠的依据。

2.6　本章小结

本章主要分析了水库移民后期扶持绩效评估的内涵与特点，细化了水库移民后期扶持绩效评估的层次与内容，并根据绩效评估内容和特点提出研究的整体框架和在管理学范式以及经济学范式的提升措施，最后进行了提升措施的比较分析和研究现状分析。总的来看，水库移民后期扶持评价是一个复杂的系统工程，具有多因性、多维性和动态性的特点。根据水库移民后期扶持政策实施目的和绩效管理目标，可将水库移民后期扶持绩效评估分为移民个人增收效果评估（微观层次）以及安置区绩效评估（宏观层次）两个层面。最后，在把握研究问题本质的基础上，结合绩效评估内涵和特点，基于研究方法和思路分析提出了研究的总体框架。

第3章　水库移民后期扶持绩效评估与提升研究设计

3.1　研究的目的与意义

3.1.1　研究目的

为弥补现有水库移民后期扶持绩效评估研究中的不足，本节针对如何提升水库移民后期扶持效果，围绕构建水库移民后期扶持绩效评估体系与绩效提升途径展开研究，以期能够建立科学、有效、系统性的水库移民后期扶持绩效定量评估与绩效提升途径分析方法体系，为我国水库移民后期扶持政策的制定和实施提供理论支撑。具体说来，本小节具有两大研究目的，内容如下：

1.方法体系构建

现有研究大多关注移民满意度和收入影响因素。从定性和定量角度，研究移民满意度的影响因素和评价体系，对移民后期绩效评估的研究还不充分。根据水库移民增收数据的空间和时间分布特征，建立面板数据模型来分析评估水库移民增收效果，进一步构建水库移民后期扶持绩效评估的方法体系。

本小节首先将水库移民后期扶持绩效评估分为移民个人收入增加的微观层次和移民安置区绩效宏观层次，基于 BSC 和 KPI 方法构建安置区后期扶持绩效评估指标体系，对水库移民安置区后期扶持绩效进行有效评估；其次运用绩效重要性分析法（IPA）识别出需要改善的指标，运用决策与评价实验室法（DEMATEL）明确各项指标需要改进的方向，建立系统的水库移民后期扶持绩效提升路径分析方法。

2.提升路径分析

现有的研究主要从管理能力提升、监督机制构建、完善补偿措施等方面提出了水库移民后期扶持绩效提升策略，研究较为宏观，针对性和系统性不强。因此，本节的第二个目的为分析水库移民后期扶持绩效提升途径。

基于移民增收效果评估特点，结合相关变量与数据分析方法，运用绩效重要性分析法和决策与评价实验室方法，识别出需要进一步改善的指标，明确各项指标需要改进的方向，提出相应的政策建议，制定相应有效的水库移民后期扶持绩效提升措施。

3.1.2　研究意义

1. 本研究有助于落实水库移民后期扶持基金全面预算绩效管理

水库移民问题的有效解决不仅关系到移民群众生产生活和水库建设的顺利实施，同样也关系到社会的和谐稳定。面对我国"全面实施预算绩效管理"及"水利工程补短板，水利行业强监管"的新形势，对现阶段水库移民后期扶持工作进行有效评估，并在此基础上有针对性地提出具体可行的绩效提升措施，以保障、提升水库移民后期扶持项目实施的效果，对落实水库移民后期扶持基金全面预算绩效管理具有重要意义。

2. 本研究有助于提高后期扶持专项资金使用效率

后期扶持绩效评价工作的开展，有利于促进移民管理机构在后期扶持专项资金的使用过程中严格控制资金的精准度，实现精准扶持。近几年来，由于移民村公共基础设施建设和农田水利设施建设已经趋于完善，应上级部门要求，加大生产开发项目实施力度，该类项目比例不断上升，但是该类项目的实施有好的一面，即能够实现移民增收，也有不好的一面，即资金效益率较低，且没有后期跟踪评价措施，因此出现了许多实施完毕但闲置的现象，既浪费了移民专项资金，又浪费了移民村的公共资源。因此水库移民后期扶持绩效评价工作的开展迫在眉睫，该项工作的开展能有效改善水库移民的生产生活条件，加强移民安置区及库区生态环境和基础设施建设，促进移民增收和当地经济社会发展，提高水库移民的生活水平，对水库移民后期扶持工作做出监督和评价。

3. 本研究有助于保障水库移民利益与可持续发展

通过深入研究，完善水库移民后期扶持绩效管理理论与方法，为水库移民后期扶持政策实施效果以及后期扶持工作全面评估提供定量评估方法，为水库移民后期扶持绩效提升途径的分析与绩效提升措施的制定提供系统分析方法。通过典型区域研究，为水库移民后期扶持政策制定和调整提供决策依据，为地方移民管理机构工作改进提供方向，从而提升水库移民后期扶持项目实施的效果，保障水库移民利益与可持续发展。同样，本小节的成果对其他行业的绩效评估和绩效改进措施的制定具有一定的理论和实践价值。

3.2 研究内容

3.2.1 水库移民后期扶持绩效评估研究设计

本节主要结合我国水库移民后期扶持实践，研究水库移民后期扶持绩效定量评估方法以及绩效提升途径分析的方法。研究设计具体如下：

1.水库移民后期扶持绩效评估研究设计——为绩效评估方法的构建提供基础

围绕水库移民后期扶持绩效的评估与提升，分析水库移民后期扶持绩效评估的内涵与特点，根据水库移民后期扶持的目的和绩效管理目标，将水库移民后期扶持绩效评估分为移民个人收入增加的微观层次和移民安置区绩效的宏观层次，厘清各层次绩效评估内容与特点；并根据各层次评估内容和特点选取有针对性的研究方法，提出具体研究思路和框架，为水库移民后期扶持绩效评估模型的构建与绩效的提升途径分析方法研究提供基础。

2.水库移民后期扶持增收效果评估模型的构建——为移民后期扶持增收效果评估提供方法

针对水库移民后期扶持措施促进移民增收效果的问题，结合移民增收效果评估特点，选取相关变量与数据分析方法，构建水库移民后期扶持增收效果评估模型。对水库移民后期扶持增收效果进行定量评估，探讨水库移民后期扶持政策对增加移民收入的实际效果，提出相应的政策建议。

3.水库移民安置区后期扶持绩效多维综合定量评估模型的构建——为安置区绩效评估提供方法

针对水库移民安置区后期扶持绩效评估问题，结合安置区后期扶持绩效评估特点，构建多维综合绩效评估指标体系；选取有效的定量评估方法，构建定量化的水库移民安置区后期扶持绩效评估模型，对水库移民安置区后期扶持绩效进行有效评估。其中包括绩效评估指标体系构建，指标权重确定，评估模型构建以及实证分析等。

4.水库移民后期扶持绩效提升途径分析方法的研究——为绩效提升途径/措施分析提供方法

根据水库移民后期扶持移民增收效果评估以及安置区后期扶持绩效评估结果，构建绩效提升途径分析方法，识别出需要进一步改善的指标，明确各项指标需要改进的方向，从而明晰水库移民后期扶持绩效提升途径，制定相应有效的水库移民后期扶持绩效提升措施。

3.2.2　水库移民后期扶持增收效果评估模型的构建

1.研究方法选取

水库移民后期扶持增收效果评估涉及时间和空间两个维度。为了有效解决该问题，基于面板数据分析来研究水库移民后期扶持增收效果评估。所谓的面板数据，也叫"平行数据"，是指在时间序列上取多个截面，在这些截面上同时选取样本观测值所构成的样本数据[122]。面板数据分析方法可以克服时间序列分析受多重共线性影响的困扰[123]，具有能够提供更多信息、更多变化、更少共线性、更多自由度和更高估计效率的特点[124]。水库移民后期扶持基金支出与移民收入数据是典型的面板数据，包括多个地区、多个时间节点的数据信息，利用面板数据模型解决水库移民后期扶持增收效果评估问题具有独特的优势[125]。因此，基于面板数据分析构建水库移民后期扶持增收效果评估模型，探析水库移民后期扶持项目实施是否提高了移民的收入。

2.研究思路与框架

水库移民后期扶持增收效果评估模型的研究方法和思路如图3-1所示。

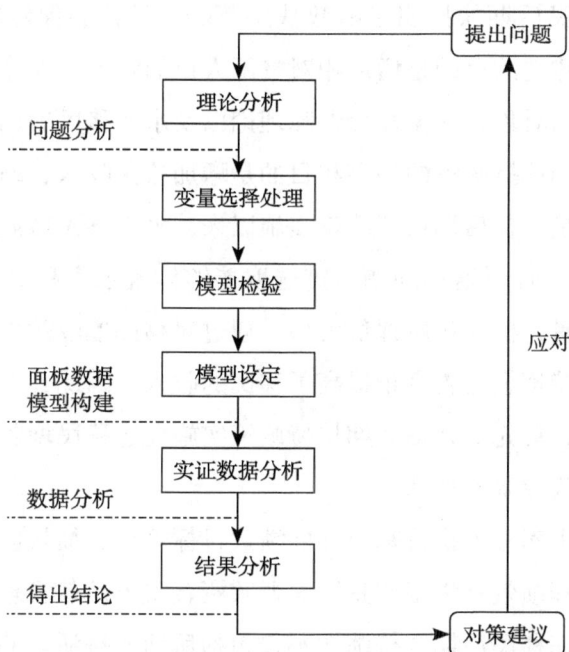

图3-1　水库移民后期扶持增收效果评估模型的研究方法和思路

针对水库移民后期扶持增收效果评估问题，总体上按照"提出问题→理论分析→变量选择处理→模型检验→模型设定→结果分析→实证数据分析"的思路展开。首先，基于文献研究和实地调研分析，选取水库移民后期扶持政策实施下度量移民收入的主要变量，包括被解释变量以及解释变量。其次，考虑现实经济研究中所用数据的平稳性，可能导致计算分析结果存在误差。数据计算分析前，对选取的变量数据进行处理，剔除物价因素，确保数据平稳性。随后，对面板数据进行单位根检验和协整检验，以验证数据的平稳性与可靠性。然后，通过F检验和Hausman检验来确定面板数据模型的形式，从而确定水库移民后期扶持增收效果评估模型。最后，对河南省6个典型区域水库移民后期扶持增收效果进行实证分析，探析后期扶持政策实施促进移民增收的效果，并根据评估结果提出有针对性的建议。

3.2.3　水库移民安置区后期扶持绩效多维综合定量评估模型的构建

基于文献分析提出水库移民后期扶持绩效评估指标体系构建的原则，结合水库移民后期扶持绩效评估具有多因性、动态性及多维性的特点，运用系统化的绩效评估指标体系构建方法构建定性与定量、过程与结果相结合的综合绩效评估指标体系，并基于云理论构建安置区后期扶持绩效综合定量评估模型，对水库移民后期扶持绩效进行全面、系统评估应从多个层次（维度）展开。

首先，水库移民后期扶持属于财政扶持范畴，是社会保障制度的重要内容之一。社会保障制度建立的目的是增加相对贫困人口的收入、保障人民生活。移民是水库移民后期扶持的对象，根据社会保障理论以及水库移民后期扶持工作安排，国家实施水库移民后期扶持政策的初衷和目的是增加移民收入、缩小贫富差距，最终实现社会公平。但是，在后期扶持政策实施以来，水库移民后期扶持资金是否真正提高了移民的收入？针对这一问题，需选取能够体现水库移民后期扶持措施以及移民收入相关的变量，构建相应评估模型，通过对移民增收效果进行定量评估，探究水库移民后期扶持资金是否真正提高了移民的收入。因此，对水库移民后期扶持绩效进行系统评估，首先应评估后期扶持政策实施促进移民增收的效果，即进行微观层面移民个体增收效果的评估。

其次，对中央水库移民扶持基金开展绩效目标管理、绩效监控、绩效评价、评价结果运用等全过程绩效管理工作是国家财政资金支出绩效管理的关键。从绩效管理的目标来看，水库移民后期扶持绩效不仅包括后期扶持活动的业绩、效果，也包含项目实施过程中管理人员的能力和办事效率。结合绩效管理目标与绩效内涵，要构建全方位、全过程、全成本、多主体的绩效管理体系。研究水库移民后期扶持绩效评估问题，不仅要明确后期扶持政策对移民个体增收效果，更重要的是探索构建提升水库移民后期扶持绩效的管理机制。通过定期有效的绩效评估，促使移民管理部门提升管理水平，进而通过绩效评估结果的应用和绩效目标的提升，实现更高水平的组织和管理绩效。可以看出，区域层面绩效评估是水库移民后期扶持工作的重要内容。水库移民后期扶持实施的范围主要是安置区。因此，把水库移民安置区后期扶持绩效作为绩效评价尺度也是水库移民后期扶持绩效评价不可缺少的内容。

综上，根据水库移民后期扶持政策实施目的和绩效管理目标，可将水库移民后期扶持绩效评估分为移民个人（微观层次）和安置区（宏观层次）两个层面。其中，微观层面是水库移民后期扶持对移民个人的增收效果评估，主要通过评估模型构建，分析影响移民收入的主要因素，探求水库移民后期扶持资金是否真正提高了移民的收入；宏观层次是对水库移民安置区的综合绩效评估，通过构建水库移民安置区后期扶持绩效评估指标体系以及评估模型，对移民安置区后期扶持绩效进行全面评估。基于宏观和微观两个层次，可以构建水库移民后期扶持绩效两层次定量评估体系，系统地对水库移民后期扶持绩效进行全面评估。

3.2.4 水库移民后期扶持绩效提升途径研究

1.研究方法选取

水库移民后期扶持绩效提升策略必须有针对性地提出，在研究水库移民后期扶持绩效提升途径之前需要量化各个影响因素和指标的重要程度，明晰各影响因素之间影响与被影响的关系。

Martilla和Jame于1977年提出绩效重要性分析法（Importance- Performance Analysis，IPA），用于研究工业产品的属性。该方法使用起来较为简单，在众多领域得到广泛应用[126, 129]。IPA能够明确区别出对于同一个决策目标而言，评价属性的重要性程度和绩效水平的不同，给复杂多属性决策问题带来了新的思路。基于IPA分析，可得到绩效指标的重要性程度和绩效水平。因此，基于IPA分析来确定水库移民后期扶持绩效提升影响因素的重要程度。

决策与评价实验室方法（Decision Making Trial and Evaluation Laboratory，DEMATEL）是美国学者Bottlelle为筛选复杂系统中的主要要素，简化系统结构分析过程而提出的方法。该方法将图论与矩阵相结合，依据系统中各因素之间的逻辑关系，构建直接影响矩阵，从而能够计算出水库移民后期扶持各因素的影响度、被影响度[130-132]。基于DEMATEL分析能够确定水库移民后期扶持绩效提升各影响因素之间影响与被影响关系。

IPA及DEMATEL分析为水库移民后期扶持绩效提升问题的解决提供了良好的思路，拟采用IPA和DEMATEL方法来研究水库移民后期扶持绩效提升途径问题。

2.研究思路与框架

首先，基于已构建的水库移民后期扶持绩效评估体系和评估结果，采用IPA方法分析水库移民后期扶持绩效指标所处的绩效水平状态及其对应的重要程度。然后，通过DEMATEL分析测量指标之间的直接影响和间接影响，进而得出指标之间的总影响以及对应的影响关系图。考虑指标之间相互影响的作用，得出指标最终的改进方向。最后，将指标状态、重要程度及改进方向相结合，提出有针对性的水库移民后期扶持绩效提升途径及措施。

水库移民后期扶持绩效提升途径的分析方法研究框架如图3-2所示。

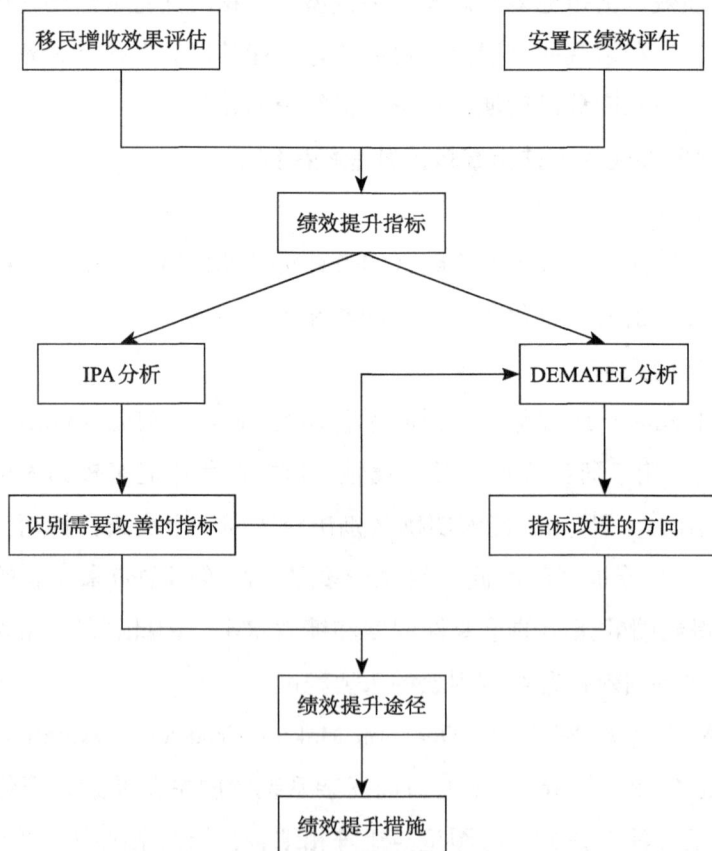

图3-2 水库移民后期扶持绩效提升途径的分析方法研究

3.3　研究方法

3.3.1　实证研究法

实证研究法是指从大量的经验事实中通过科学归纳，总结出具有普遍意义的结论或规律，然后通过科学的逻辑演绎方法推导出某些结论或规律，再将这些结论或规律拿回到现实中进行检验的方法。

在科学研究中，实证分析常用来分析和确定有关因素间的相互作用方式和数量关系，从而得出各变量间的因果关系。实证分析法的主要特点是通过对客观事物的验证来阐述已有的假设、结论是否成立。在本小节中，共有两处涉及实证分析：

（1）运用F检验对面板数据模型进行实证分析，即通过对样本数据进行检验，进而判断其处于不变系数模型、变截距模型或含有个体影响的变系数模型。

（2）由F检验确定研究区域面板数据模型采用变截距形式后，运用Hausman检验进一步确定该模型属于固定影响（Fixed Effects）变截距模型还是随机影响（Random effects）变截距模型。

本节对河南省6个典型区域水库移民后期扶持效果进行实证分析，验证了该评估方法的有效性，并具体分析6个区域后期扶持工作的不足。

3.3.2　案例研究法

案例研究法包含于广义的实证研究之中。研究者选择一个或几个场景为对象，系统地收集数据和资料，进行深入的研究，用以探讨某一现象在实际生活环境下的状况。同时包含了特有的设计逻辑、特定的资料搜集和独特的资料分析方法。本小节共涉及两处案例研究法的具体应用：

首先，对河南省6个典型区域内人均可支配收入、工资性收入、直补资金、项目扶持以及移民技能培训等基本情况进行调查，不仅为面板数据模型的构建奠定基础，而且更有力地指出对提升水库移民后期扶持绩效中影响较大的因素，对今后的政策提出和方案实施指明方向。

其次，基于BSC和KPI法构建安置区后期扶持绩效多维综合定量评估模型，结合模糊层次分析法和熵权法解决指标转换和评价结果等级判定问题。以河南省6个典型区域为例，对其进行指标调查及分析、指标权重确定、绩效评估结果分析，以此验证该模型的有效性和可行性，并为第5章水库移民后期扶持绩效提升途径分析提供指标数据。

3.3.3 绩效重要性分析法

绩效重要性分析法（IPA）的基本思想是顾客对产品/服务的满意感源自其对于该产品/服务各属性的重视程度，以及对各属性绩效表现程度的评价。IPA分析能够明确区别出对于同一个决策目标而言，评价属性的重要性程度和绩效水平的不同，给复杂多属性决策问题带来了新的思路。

IPA在本小节中的具体应用：判断出对6个区域的绩效评估指标值产生后期扶持绩效影响的因素，对该影响因素进行IPA分析，得出各典型区域水库移民后期扶持绩效评价指标的重要性—绩效水平分析图。由此识别出各区域在经济绩效、社会绩效、管理绩效、机构能力建设绩效等指标中需要改善的不同特征，为确定水库移民后期扶持绩效水平的具体提升途径奠定基础。

3.3.4 决策与评价实验室法

决策与评价实验室方法（DEMATEL）将图论与矩阵相结合，依据典型区域中各因素之间的逻辑关系，构建直接影响矩阵，从而计算出水库移民后期扶持各因素的影响度和被影响度[130-132]。

DEMATEL在本小节中的具体应用：设计测量表进行问卷调查、确定对后期扶持绩效有影响的因素间的相关关系、确定某一指标是Cause（影响）类指标或是Affected（被影响）类指标以及核心影响因素、理论分析支持得出指标改进方向、提出绩效提升途径和措施。

本方法主要是基于前文构建的水库移民后期扶持绩效综合评估体系和评估结果，由IPA方法识别出需要改善的指标，进而由该方法得出指标改进方向，结合每个区域的具体情况，确定每个区域水库移民后期扶持绩效提升路径和措施。

3.4 研究的技术路线

围绕研究内容，总体上按照"提出问题—分析问题—解决问题"的思路，通过"文献研究—理论分析—模型构建—实证分析"的路径展开。围绕如何系统、科学地对水库移民后期扶持效果进行评估这一核心问题，整体上将水库移民后期扶持绩效评估分为移民个人增收效果评估（微观层次）和安置区绩效评估（宏观层次）两个层面。其中，微观层面移民个人增收效果评估主要是通过模型构建与分析，探求影响移民收入的主要因素以及因素对移民收入的贡献度；宏观层面安置区绩效评估主要是通过绩效评估指标体系以及评估方法的构建，对水库移民安置区整体绩效进行评估。在两个层面绩效评估的基础上，基于绩效评估结果，构建水库移民后期扶持绩效提升途径分析方法，探究后期扶持绩效提升的途径和措施。从而建立系统的水库移民后期扶持绩效定量评估方法与绩效提升途径分析方法体系，保障水库移民后期扶持政策实施效果。具体技术路线如图3-3所示。

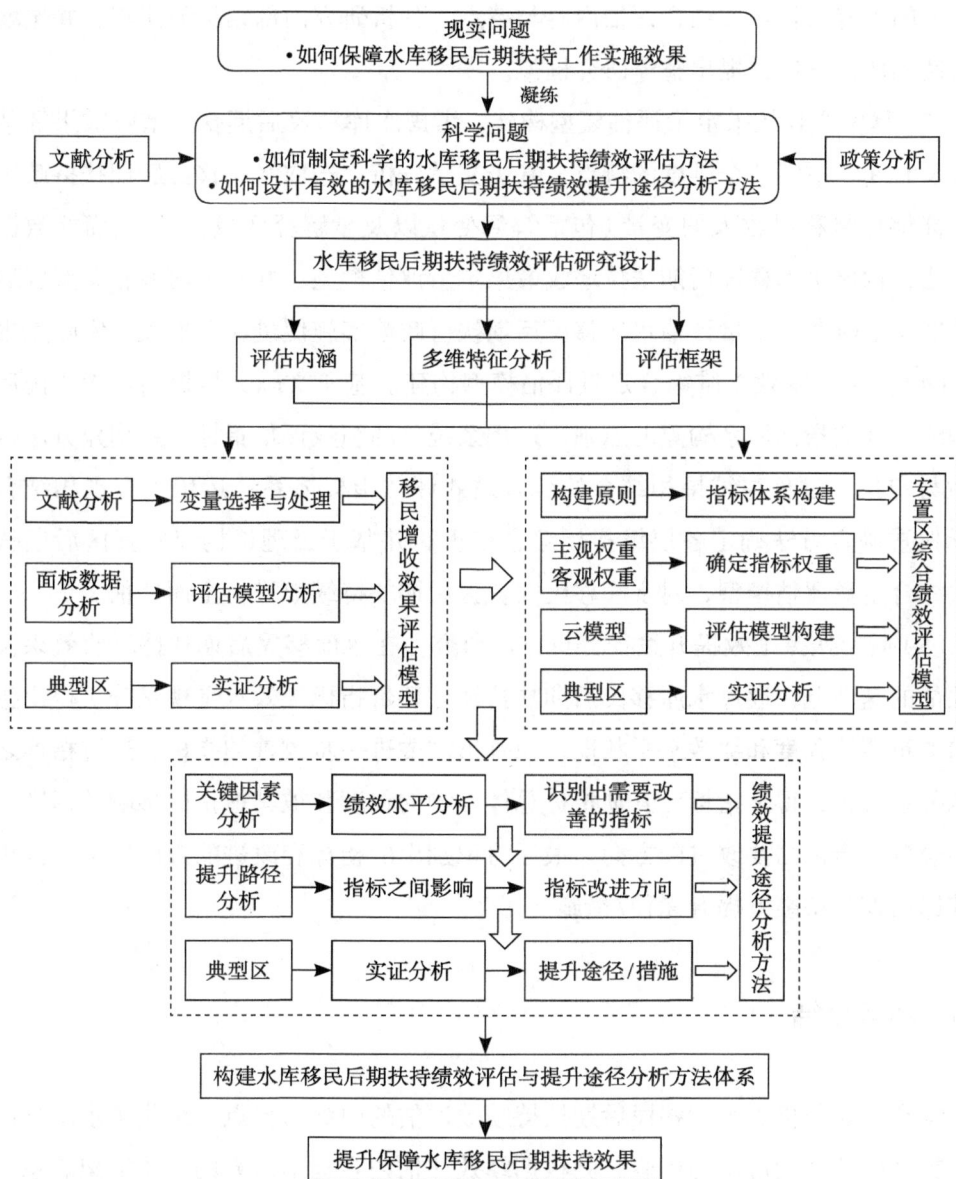

图3-3 技术线路图

（1）问题提出。通过阅读与本小节相关的图书、论文等文献资料，了解国内外水库移民后期扶持绩效评估研究现状及动态，发掘水库移民后期扶持项目实施过程中面临的实际问题，并从中提炼出关键的科学问题开展研究。

（2）整体研究设计。基于绩效管理理论与社会保障理论，分析水库移民后期扶持绩效评估的内涵和特点，按照内在逻辑将水库移民后期扶持绩效评估分解为微观层面移民个人增收效果评估和宏观层面安置区整体绩效评估，并进一步分析每个层次评估的内容与特点。结合评估内容与特点，分析研究内部结构与流程，并选取有针对性的研究方法，提出整体研究框架。

（3）移民增收效果定量评估模型构建。考虑水库移民后期扶持增收效果评估数据涉及时间和空间两个维度的特点，基于文献分析，选取水库移民后期扶持政策实施下能够度量移民收入的变量（包括解释变量以及被解释变量），运用面板数据分析方法，构建水库移民后期扶持增收效果定量评估模型。并基于河南省典型区域数据开展实证研究，定量评估水库移民后期扶持政策实施促进移民增收的实际效果。

（4）安置区绩效多维综合定量评估模型构建。基于文献分析提出水库移民后期扶持绩效评估指标体系构建的原则，运用系统化的绩效评估指标体系构建方法构建定性与定量、过程与结果相结合的综合绩效评估指标体系；运用主客观相结合的指标权重确定方法确定各层级指标综合权重；并基于云理论构建安置区后期扶持绩效综合定量评估模型，对水库移民安置区后期扶持绩效进行全面评估。

（5）后期扶持绩效提升途径分析方法研究。在水库移民后期扶持增收效果及绩效评估的基础上，通过水库移民后期扶持绩效评价指标绩效水平现状分析得出指标当前的重要性程度和绩效水平状况，识别出需要进一步改善的指标。通过指标之间影响关系分析，得出指标对其他指标总体影响的程度和被其他指标影响的程度，从而明确各项指标需要改进的方向。最后将识别出的指标和改进的方向结合，提出水库移民后期扶持绩效提升途径/措施。

3.5　本章小结

本章主要分析了水库移民后期扶持绩效评估的内涵与特点，细化了水库移民后期扶持绩效评估的层次与内容，并根据绩效评估内容提出研究的整体框架。总的来看，水库移民后期扶持评价是一个复杂的系统工程，具有多因性、多维性和动态性的特点。根据水库移民后期扶持政策实施目的和绩效管理目标，可将水库移民后期扶持绩效评估分为移民个人增收效果评估（微观层次）以及安置区绩效评估（宏观层次）两个层面。最后，在把握研究问题本质的基础上，结合绩效评估内涵和特点，基于研究方法和思路分析提出了研究的总体框架。

第4章 基于面板数据的水库移民后期扶持增收效果评估模型

经济收入是水库移民最为关注的问题，后期扶持政策实施以来，水库移民生存生活条件得到了一定程度的改善，但尚未实现真正意义上的"脱贫"。就现有政策而言，对增加水库移民收入直接相关的因素为直补资金、项目扶持以及技能培训，但对如何构建各因素对移民增收贡献程度的量化模型仍是值得研究的问题。此问题的解决，有助于评判现有政策对增加移民收入的实际效果如何，厘清移民增收的关键影响因素。为此，本章尝试构建水库移民后期扶持增收效果评估模型。由第2章明确水库移民增收数据的具有空间和时间分布特征，可建立面板数据模型来分析评估水库移民增收效果。本章基于定性分析，系统梳理影响水库移民收入的相关因素，并确定变量以及数据来源。在此基础上，对数据进行描述性统计，并进行相关的数据检验。进而通过面板数据模型的F检验和Hausman检验，确定采用的面板数据模型形式。提出通过面板数据模型分析各变量对增加水库移民收入的贡献程度，以典型区的数据加以分析。

4.1 变量选取及数据来源

4.1.1 变量选取

为了保证水库移民收入，一系列扶持措施被用于改善水库移民的收入现状。水库移民监测评估报告中通常以人均可支配收入（Income）来反映移民收入现状。人均可支配收入的多少反映了移民的生活水平和生活质量，是移民满足生活消费和进行再生产的基础，反映了移民生活水平的高低和从事再生产能力的大小。因此，以人均可支配收入作为被解释变量（因变量）。

根据《关于完善大中型水库移民后期扶持政策的意见》，对水库移民扶持的方式是：后期扶持资金直接发放、项目扶持或者采取两者结合的方式。为了提高水库移民自身素质和就业竞争力，各级人民政府及其有关部门加强了对移民科学文化和实用技术的培训。也就是说，从政策角度来讲，影响水库移民人均可支配收入的因素主要为移民直补资金、项目扶持资金和移民技能培训。结合人均可支配收入的内涵，其收入来源主要包括工资性收入、经营性净收入、财产性净收入和转移性净收入。可以看出，除了直补资金、项目扶持资金和移民技能培训以外，水库移民的工资性收入也是其收入的重要组成部分，而移民工资性收入主要依靠打工获得。因此，选择工资性收入（Wage）、直补资金（Zb）、项目扶持资金（Xm）和移民技能培训（Px）作为自变量。

1.工资性收入（Wage）

工资性收入主要是指职员以众多方式获得的薪酬，包括职员的职业工资、第二职业工资、兼职获得的工资以及通过一些零星劳动获得的工资。从2012年之后，我国农民工资性收入首次超过家庭经营纯收入，继而成为收入结构的最主要构成部分。

2.直补资金（Zb）

直补资金是指由政府直接发放给移民人员的后期扶持资金。《国务院关于完善大中型水库移民后期扶持政策的意见》（国发〔2006〕17号）第（七）条中指出"后期扶持资金能够直接发放给移民个人的应尽量发放到移民个人，用于移民生产生活补助"，纳入扶持范围的移民每人每年补助600元。

3.项目扶持资金（Xm）

用于实施"项目扶持"的资金称之为项目扶持资金，通过项目实施来解决移民群众生产生活中存在的突出问题，是提高水库移民收入的一种间接手段。

4.移民技能培训（Px）

移民技能培训指对移民区具有劳动能力的人员进行职业技能培训和教育，提高其素质，使其具有创业就业能力。为了尽早使移民脱离贫困达到富裕的生活水平，实现移民安置区可持续发展的目标，需要提高安置区居民的职业技能水平，从而提升其生活水平。

4.1.2　典型区域基本情况与数据来源

1.典型区域基本情况

水库移民后期扶持通常以县（市）为单位开展，遵循典型性和理论抽样原则，选取河南省6个后期扶持人口较多（1万人以上）的欠发达县（市）为典型区。各区域基本情况如下（由于部分数据较为敏感，不能指明具体研究县（市）名称，下文以区域序号形式代替）：

区域1：位于河南省西南部，全市辖3个办事处、19个镇、5个乡，53个街道居委会，606个行政村。截至2018年年底，总人口178.6万人，其中，农业人口160.2万人；境内有中型水库1座，小型水库15座；移民主要来自丹江口水库初期工程、南水北调丹江口水库大坝加高工程，以及少数省内外其他大中型水库；纳入后期扶持的移民人口为54797人。

区域2：位于河南省东南部，地处大别山北麓，下辖10个镇、7个乡、2个街道办事处、3个管理处（区），370个行政村。截至2018年年底，总人口80万人。境内共有各类水库127座，其中，大型1座，中型2座，小型水库124座；移民主要来自辖区内3座大中型水库；后期扶持人口为26109人。

区域3：位于河南省东部，下辖17个乡镇、2个街道办事处、529个行政村。截至2018年底，总人口93.1万人，其中，城镇总人口32万人，农村总人口61.1万人；辖区内有水库10座；移民主要来自辖区内某大型水库；纳入后期扶持人口为17876人，分布在18个乡（镇、街道办）、270个村（居委会）。

区域4：位于河南省西北部，黄河北岸，全市下辖3个产业集聚区、11个镇、5个街道办事处、128个村委会（社区、居委）。截至2018年年底，全市总人口71.9万人，其中，农业人口44.95万人；辖区内有大型水库3座，小型水库20座；移民主要来自辖区内3座大型水库；纳入后期扶持的移民人口为38000人，主要分布在辖区内16个镇（办）的70个行政村。

区域5：位于河南省南部，下辖9镇、10乡、3个街道办事处，349个行政村（社区）。截至2018年年底，总人口93.1万，其中，城镇总人口18万人，农业人口75.1万；辖区内有大中小型水库65座，其中大型水库1座，中型水库4座，小型水库60座；移民主要来自辖区内大中型水库；享受后扶直补的移民人数为29207人，分布在全县22个乡镇349个行政村。

区域6：位于河南省中西部，下辖15个乡镇、5个街道办事处，453个行政村。截至2018年底，总人口110.9万人，其中城镇总人口48万人，农业人口62.9万人；市辖区共有各类水库26座，其中中型水库3座，小型水库23座；移民以陆浑水库和辖区境内3个中型水库移民为主；后期扶持人口为18371人。

2.数据来源

基础数据来自河南省6个区域2010—2018年度大中型水库移民后期扶持政策实施情况的县级监测评估报告、《河南统计年鉴2010—2018》和《河南经济蓝皮书（2019）》。河南省大中型水库移民后期扶持政策实施情况监测评估报告上可以获取2005年和2010—2018年基础数据。限于面板数据分析要求，剔除2005年数据，采用6个区域2010—2018年数据进行建模分析。

4.2　数据样本描述性统计分析

描述性统计分析是用于描述所收集的6个研究区域移民增收效果相关数据特征的活动。通过样本的描述性分析，一方面可以了解研究区域内人均可支配收入、工资性收入、直补资金、项目扶持以及移民技能培训等基本情况，同时也是下文进行面板数据模型构建的基础。

4.2.1　各变量描述性统计

1.人均可支配收入

所选定研究区域水库移民2010—2018年人均可支配收入状况如图4-1所示。从图中可以看出，在时间序列上，各研究区域的移民人均可支配收入持续增长；在空间上，区域1和区域4在研究时限内的移民年平均人均可支配收入水平较高，分别达到11492元和8850元，其他各研究区域移民平均人均可支配收入相对而言处于较低水平。

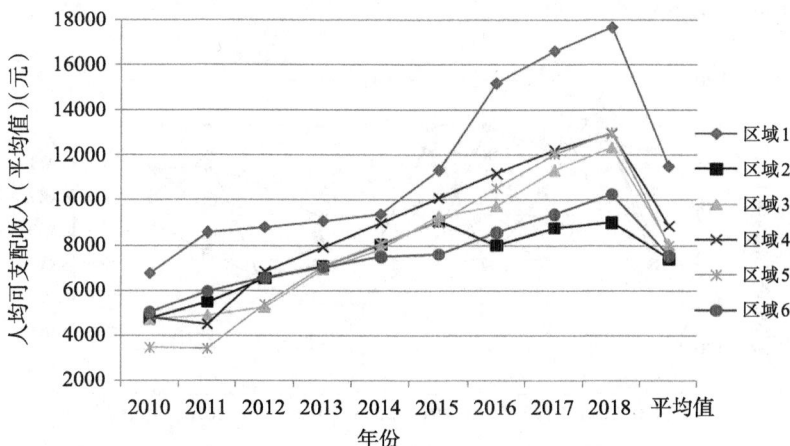

图4-1　各样本区域水库移民2010—2018年人均可支配收入

2. 工资性收入

所选定研究区域水库移民2010—2018年工资性收入如图4-2所示。从图中可以看出，在时间序列上，各研究区域的移民工资性收入在研究期限内呈波动性上升趋势；在空间上，区域1和区域4在研究时限内的移民年平均工资性收入水平较高，分别达到8934元和7083元，其他各研究区域移民平均工资性收入相对而言处于较低水平。

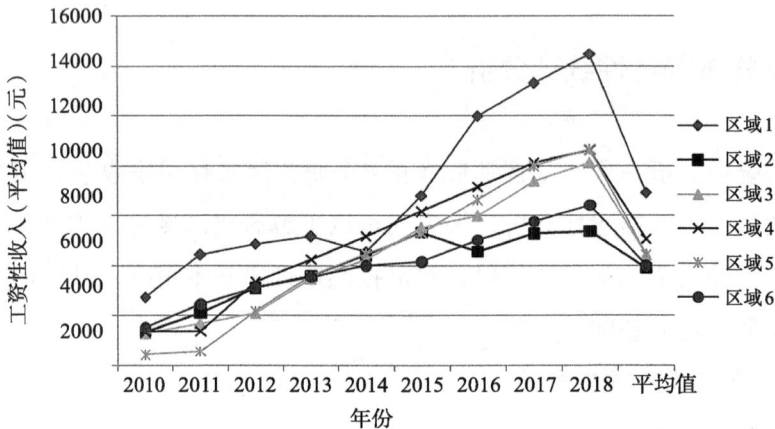

图4-2　各样本区域水库移民2010—2018年工资性收入

3. 直补资金

所选定研究区域水库移民2010—2018年直补资金如图4-3所示。从图中可以看出，直补资金在时间序列上显示出无序的状态，这是由于直补资金受人口出生和死亡的影响；在空间上，各研究区域在研究时限内直补资金均值总体差异不大，主要集中在500～600元。

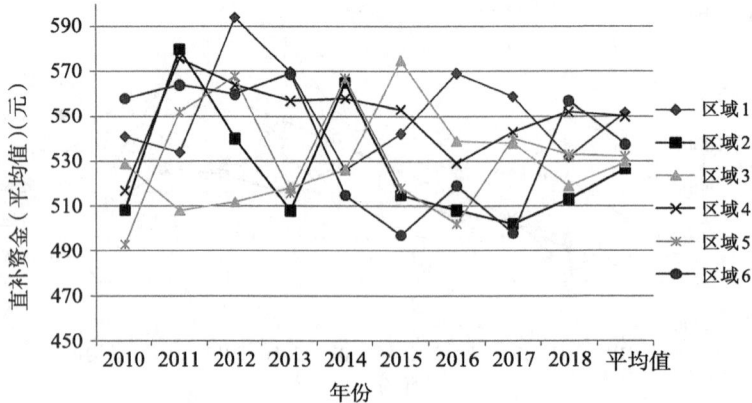

图4-3　各样本区域水库移民2010—2018年直补资金

4.项目扶持资金

所选定研究区域水库移民2010—2018年项目扶持资金如图4-4所示。从图中可以看出，项目扶持资金在时间序列上显示出无序的状态，这是由于项目扶持资金受各研究区域财政预算的影响；在空间上，区域4对水库移民项目扶持力度最大，项目扶持资金达到472万元，其他各区域项目扶持资金差别不大，基本维持在300万～400万元。

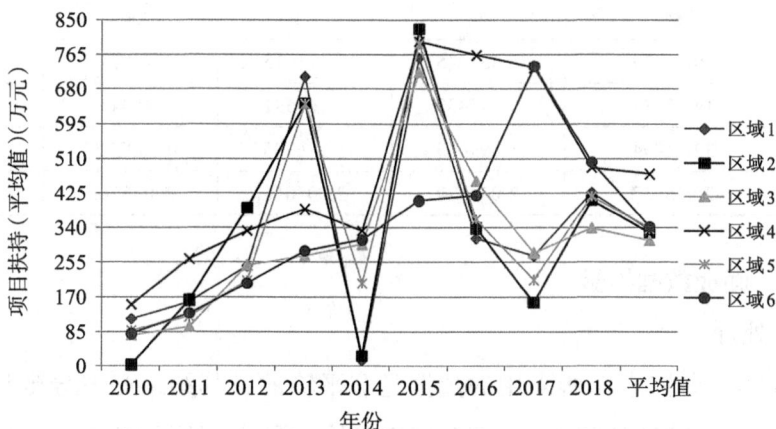

图4-4　各样本区域水库移民2010—2018年项目扶持资金均值

5.移民技能培训

所选定研究区域水库移民2010—2018年技能培训情况如表4-1所示。以研究区域有无培训来反映移民技能培训状况，当年该区域有培训记为1，无培训记为0。从表中可以看出，区域2培训次数最多，9年期间达到8次，区域4和区域6培训次数最少，仅有4次。

水库移民2010—2018年移民技能培训次数　　　　　　　　表4-1

区域	2010	2011	2012	2013	2014	2015	2016	2017	2018	累计
区域1	1	1	1	0	0	1	0	1	0	5
区域2	1	1	1	1	1	1	0	1	1	8
区域3	1	1	1	1	1	1	0	1	0	7
区域4	0	1	1	0	0	1	0	0	1	4
区域5	1	0	1	1	1	1	0	1	1	7
区域6	1	0	1	1	1	0	0	0	0	4

6.总体样本描述性统计

所选研究区域总体样本描述性统计如表4-2所示，可以看出，各变量之间存在明显的差异性，表明各研究区域在水库移民后期扶持中的投入力度和增收效果具有明显的空间非均衡性。

样本描述性统计 表4-2

项目	人均可支配收入	工资性收入	直补资金	项目扶持	技能培训
观测数	54	54	54	54	54
平均值	80.26239	5.351245	4.613615	1.489743	0.574074
最大值	145.2535	10.97439	9.165591	4.453431	1.000000
最小值	32.51894	1.899615	1.976705	0.1092239	0.000000
标准差	26.75627	2.033920	2.005056	1.033263	0.499126

4.2.2 面板数据检验

1.变量处理

若是在实证研究中，所采用的数据是非平稳的，其结果必然导致计量结果不准确，即导致"谬误回归"[133]。而在现实经济中研究所用的数据，无论是时间序列数据还是截面数据，通常都是非平稳的（时间序列数据所存在的趋势性、截面数据因观测规模的递增性，都会导致数据的异方差和非平稳）。在进行数据运算之前，对于人均可支配收入、直补资金、工资性收入和项目扶持资金，首先做剔除物价影响处理。参照张占仓等人的做法，将名义变量转换为实际变量[134]。一般情况下，基期通常选择1978年，因样本选择不同，研究中需要重新选择基期的定基CPI（Consumer Price Index）指数。根据魏君英等人的做法[135]，重新选择基期的定基CPI指数可根据公式（4-1）计算。重选基期的定基CPI数据，如表4-3所示，新基期设定为2010年，CPI指数设定为100。

$$CPI_t = \frac{CPI_{原t} \times CPI_{新(t-1)}}{CPI_{原(t-1)}} \tag{4-1}$$

式中，t期为基期；CPI为定基；新$(t-1)$为新基期t-1期；原$(t-1)$为原基期t-1期。

重选基期的定基CPI　　　　　　　　　　　表4-3

年份	1978年基期的定基CPI	2010年基期的定基CPI
2010	446.4	100.0000
2011	471.4	105.6004
2012	483.2	108.2437
2013	497.2	111.3799
2014	506.7	113.5081
2015	513.3	114.9866
2016	523.1	117.1819
2017	530.4	118.8172
2018	542.6	121.5530

注：表格中2010—2017年定基CPI来源于河南省统计年鉴；2018年定基CPI来源于《河南经济蓝皮书(2019)》。

2.面板数据协整检验

协整是一个表述变量间长期、稳定的协调关系的概念[136]。面板数据的协整回归大致有两种模型，一是不变系数模型，即各单位之间的回归系数大体相同；二是变系数模型，即各单位之间的回归系数不同[137]。

对水库移民后期扶持增收效果评估变量进行协整分析，就是对几个非平变量的线性组合是否是平稳序列进行检验，当组合为平稳变量时，这些变量之间存在长期均衡关系[138]。面板数据的协整检验与协整回归的前提是本小节所选取的四个变量之间必须是同阶单整。只有同阶单整，变量之间才有共同的增长趋势，才能同涨同落。因此，需要先对水库移民后期扶持增收效果评估面板数据进行协整性检验，然后再做回归[139]。

前面提到的当对河南省6个研究区域面板数据进行单位根检验时，模型显示变量中存在非平稳序列，此时如果直接对这些变量进行实证估计，可能会出现伪回归的现象[140]。结果显示这些变量都一阶单整，表明各变量之间可能存在协整关系[141]。采用Kao检验法对6个研究区域面板数据进行协整分析，结果如表4-4所示。

协整检验结果　　　　　　　　　　　表4-4

检验方法	检验假设	t统计量	P值	检验结果
Kao检验	H0：不存在协整关系	−3.76487	0.0010*	存在协整关系

注：*表示在10%显著性水平下拒绝原假设。

检验结果显示，6个区域面板数据在10%显著性水平下都拒绝原假设，表明在6个区域面板数据中各变量之间存在协整关系，即人均可支配收入、直补资金、项目扶持资金、工资性收入和移民技能培训等变量之间的线性组合是平稳的，可以对其进行回归分析。

4.3 水库移民增收效果评估面板数据模型的构建

4.3.1 面板数据模型及其适用性分析

1.面板数据模型简介

由上文样本描述性统计可知，水库移民后期扶持增收效果相关变量涉及时间和空间两个维度，符合面板数据的特征。面板数据描述的是 k 个增收效果评估相关变量在 N 个移民安置区及 T 个时间点上的变动关系[142]，其模型一般形式如下：

$$y_{it} = \alpha_i + \lambda_t + x_{it}\beta + \varepsilon_{it}$$

式中：$i(i=1, 2, \cdots, N)$ 表示移民安置区个数；$t(t=1, 2, \cdots, T)$ 表示研究时限（本书为2010—2018年）；y_{it} 为 $N \times 1$ 因变量，即人均可支配收入；x_{it} 为 $N \times k$ 自变量，即工资性收入、直补资金、项目扶持和技能培训4个自变量；ε_{it} 为模型误差项；β 是待估计参数，表示 x_{it} 对 y_{it} 的边际影响；α_i 表示个体效应，表示不随时间改变的影响因素；λ_t 表示时间效应，用于控制随时间改变因素的影响[143]。

设定的模型确定以后，即可用收集的数据去估计模型中的参数。估计方法的选择，要考虑假定前提，不是越复杂越好，主要是注重方法对所研究问题的适用性及所运用的条件。OLS（Ordinary Least Square，一般最小二乘法）简便易用，而且在很多情形下都是既简便又适用的估计方法[144]。模型中参数的估计与对模型的检验通常是反复的过程，如果模型估计和检验的结果表明模型完全满足古典假定的要求，模型也通过各项检验，那么参数的估计值就是计量的结果[145]。如果经检验发现某些古典假定不能满足，则应采用其他估计方法，如加权最小二乘（WLS）、广义差分、工具变量等方法去估计模型中的参数[146]。

面板数据单位根检验的方法主要有LLC（Levin-Lin-Chu，相同根单位根）检验、IPS（Im-Pesearn-Shin）检验、MW（Mann-Whitney U，曼-惠特尼秩和）检验等[147]。有关面板数据的协整检验有很多方法，例如Pedroni检验和Kao检验，这两种不同的检验方法的相同点是，它们进行原假设时都不存在协整关系，而是根据从面板数据中得到的残差统计量进行检验[148]。Gouveia等[149]运用MonteCarlo模拟对协整检验的几种方法进行比较，发现在T较小时，Kao检验比Pedroni检验更高的功效。

2.面板数据模型适用性分析

考虑到水库移民后期扶持增收效果各变量因素数据具有时间和空间两重维度的特性，结合数据检验结果，采用面板数据模型对水库移民增收效果影响因素进行分析是比较合理的。与单截面数据回归分析相比，面板数据模型可以提供更多的信息、更多的变化、更少共线性、更多的自由度和更高的估计效率。水库移民后期扶持政策实施对增收效果的产出往往具有一定的滞后性，而且相关政策的实施具有时间上的连续性，水库移民增收效果的影响因素必然存在着大量与时间相关的影响因素。因此，将面板数据模型作为分析水库移民后期扶持增收效果的分析方法，具有以下优势：一是利用面板数据进行回归分析，可以提供更多样本信息，提高模型的参数估计效率；二是可以充分考虑水库移民后期扶持增收效果与时间相关的因素，使得回归结果更加切合实际。

4.3.2　面板数据模型的F检验

估计面板模型的过程中，包括样本数据截面、时期和变量三种数据。如果对模型形式的设定为不准确的情况，那么就会使估计所获得结果与进行模拟的现实情况有较大的偏离。基于此，建立面板模型的第一步是判断被解释变量$Income_{it}$（人均可支配收入）的参数α_i和β_i（直补资金、项目扶持资金、工资性收入和移民技能培训等变量参数）是否对所有截面都是一样的。也就是说，对样本数据进行检验，进而判断其处于面板模型的哪个形式，这样便可以减少模型设置的偏差问题，进而加强参数估计的有效性。

依据面板数据中截面成员是否有个体影响及结构变化，面板数据模型划分为无个体影响的不变系数模型、变截距模型和含有个体影响的变系数模型3种不同的类型。这三种类型的回归形式分别以以下形式表示：

$$y_i = \alpha e + x_i \beta + \mu_i, \quad (i=1, 2, \cdots, N) \tag{4-2}$$

$$y_i = \alpha_i e + x_i \beta + \mu_i, \quad (i=1, 2, \cdots, N) \tag{4-3}$$

$$y_i = \alpha_i e + x_i \beta_i + \mu_i, \quad (i=1, 2, \cdots, N) \tag{4-4}$$

采用协方差分析法来验证研究区域数据符合何种面板模型形式。协方差分析也称"共变量（数）分析"，是方差分析的引申和扩大。其原理为结合线性回归与方差分析，对各组平均数和F检验的实验误差项进行不断地调整，检验两个或多个调整平均数有无显著差异，最终控制在实验中影响实验效应（因变量）而无法人为控制的协变量（与因变量有密切回归关系的变量）对方差分析中的影响。主要检验步骤如下：

1. 检验假设

用协方差分析的方法检验以下两个假设：

$$H_1: \beta_1 = \beta_2 = \cdots = \beta_N$$

$$H_2: \alpha_1 = \alpha_2 = \cdots = \alpha_N, \ \beta_1 = \beta_2 = \cdots = \beta_N$$

如果不拒绝假设 H_2，那么可以认定河南省6个研究区域样本数据符合模型式（4-3），为不变系数模型，这样可以不进行下一步的检验。如果拒绝假设 H_2，就要对假设 H_1 进行检验。如果结果表示不拒绝假设 H_1，那么该研究区域样本数据为变截距模型式（4-4）；反之，则认为是变系数模型。

2. 建立 F 检验

设 S_1、S_2 和 S_3 分别为变参数模型、变截距模型和不变参数模型的残差平方和，计算 F_2 和 F_1 统计量，计算公式为

$$F_2 = \frac{(S_3 - S_1) / [(N-1)(k+1)]}{S_1 / [NT - N(k+1)]} \sim F\{(N-1)(k+1), [NT - N(k+1)]\} \tag{4-5}$$

$$F_1 = \frac{(S_2 - S_1) / [(N-1)(k+1)]}{S_1 / [NT - N(k+1)]} \sim F\{(N-1)(k+1), [NT - N(k+1)]\} \tag{4-6}$$

在 H_2 下，若是计算所得的 F_2 值大于或等于设定置信水平下的临界值，则拒绝此假设，继续上述步骤检验 F_1；若 F_2 值小于设定置信水平下的临界值，则接受此假设，认为河南省6个研究区域面板数据符合不变参数模型。

同理，在 H_1 下，若是计算所得的 F_1 值大于或等于设定置信水平下的临界值，则结果是拒绝该假设，河南省6个研究区域面板数据为变参数模型；反之则为变截距模型。

检验结果：根据本小节的样本数据确定 F 检验参数，即 $N=6$，$k=3$，$T=9$。由式（4-5）和式（4-6）计算得到统计量 F_2 和 F_1 分别为 13.1634 和 1.8743，结合 F 检验统计表，在给定5%的显著性水平下，得到的 $F_{2\alpha}$ 和 $F_{1\alpha}$ 的临界值分别为：1.9446 和 2.0275。可知 $F_2 > F_{2\alpha}$，所以拒绝 H_2；又由于 $F_1 < F_{1\alpha}$，所以接受 H_1。因此，河南省6个研究区域面板数据模型采用变截距形式。

4.3.3　面板数据模型的Hausman检验

变截距模型是面板数据模型中较为常见的一种形式。该模型允许截面成员上存在个体影响，并用截距的差别来说明。在式（4-3）中，y_i是$T \times 1$维被解释变量向量，x_i是$T \times k$维解释变量矩阵，β是$k \times 1$维系数向量，i个截面成员方程间的截距项a_i不同，以此来解释说明个体影响，即反映模型中所忽略的那些反映截面差异的变量带来的影响；随机误差项μ_i反映模型中忽略的随截面成员和时期变化因素的影响。个体影响有两种情形，一种是固定影响，另一种是随机影响。由于个体影响又存在着不同的形式，因而变截距模型又可以分两种，一种是固定影响（Fixed effects）变截距模型，另一种是随机影响（Random effects）变截距模型[150]。下面做Hausman检验进一步确定用两者中的哪一种模型。具体步骤如下。

1. 检验假设

假设：个体影响与解释变量两个因子在随机影响模型中是不相关的。

2. 构造统计量

在检验过程中构造以下形式的统计量（W）：

$$W = \left[b - \widehat{\beta} \right]' \widehat{\sum}^{-1} \left[b - \widehat{\beta} \right] \tag{4-7}$$

式中：b表示固定影响模型中回归系数的估计结果；$\widehat{\beta}$表示随机影响模型中回归系数的估计结果；$\sum$表示两类模型中回归系数估计结果之差的方差，即

$$\widehat{\sum} = \mathrm{var}\left[b - \widehat{\beta} \right] \tag{4-8}$$

Hausman证明，在原假设下，式（4-7）中所构造的统计量W是一个服从自由度为k的χ^2分布，其中k表示模型中解释变量的个数[151]。Hausman检验结果如表4-5所示。

Hausman检验结果　　　　　　　　表4-5

Test Summary 测试总结	Chi-Sq. Sta 卡方检验	Chi-Sq. d.f. 卡方统计量的自由度	Prob. 概率
Cross-section random 截面随机	54.914774	4	0.0000

在5%显著性水平下，自由度为4的χ^2统计量的临界值为9.49，小于Hausman检验计算得到的ω统计量54.914774，表明应该采用固定效应，所以模型应采用固定效应变截距形式。

由此，构造的该面板数据模型为：

$$\text{Incom}_{it}=a+a_i^*+\beta_{\text{Wage}_{it}}+\gamma_{\text{Px}_{it}}+\varepsilon_{\text{Zb}_{it}}+\xi_{\text{Xm}_{it}}+\mu_{it} \tag{4-9}$$

式中：$i=1$，2，…，6，$T=1$，2，…，9；a 为截距中的常数项部分；a_i^* 为截距中的随机变量部分，代表截面的随机影响；β、γ、ε 和 ξ 分别为工资性收入、直补资金、项目扶持和技能培训的回归系数；μ_{it} 为系统误差。

4.4 实证结果及分析

4.4.1 面板数据模型回归结果

采用广义最小二乘法在前文构建的固定效应变截距模型基础上进行估计。运用广义最小二乘法估计模型，a_i^* 的估计结果可由式（4-9）计算得到。利用SPSS22.0软件，结合各变量数据得到各研究区域 a_i^* 的估计结果以及各个参数的显著性检验结果，分别如表4-6和表4-7所示。

$$\text{Incom}_{it}=11.435+a_i^*+1.114\text{Wage}_{it}+0.038\text{Px}_{it}+0.060\text{Zb}_{it}+0.029\text{Xm}_{it} \tag{4-10}$$

各区域 a_i^* 的估计结果　　　　表4-6

地区	a_i^*
区域1	17.51988
区域2	−1.432339
区域3	−13.52853
区域4	0.030291
区域5	−0.627191
区域6	−1.962110

参数显著性检验　　　　表4-7

变量	系数	标准误差	t统计	伴随概率 p
工资性收入	1.114243	0.087789	16.83975	0.0000
移民技能培训	0.038137	0.091797	4.241950	0.0231
直补资金	0.060295	0.137167	2.541639	0.0605
项目扶持资金	0.029243	2.459432	1.589930	0.0783
R^2	0.916790			
F值检验	0.000000			

该回归模型的拟合优度 R^2 为0.916790，方程通过了显著性水平为0.01的F检验，说明估计出的模型有效，且方程拟合性较好。

4.4.2　结果分析

由表4-7可知，各个研究区域的水库移民人均可支配收入有一定的差异，区域1和区域4分别正向偏离水平17.52和0.03，说明这两个区域（尤其是区域1）水库移民收入情况较好。区域2、区域3、区域5、区域6四个区域分别负向偏离1.43、13.53、0.63和1.96，说明这四个区域（尤其是区域3）收入情况较差。

从实证结果来看，四个变量（工资性收入、直补资金、项目扶持资金和技能培训）系数均为正，说明这四个变量对增加水库移民收入均起到正向促进作用。其中，工资性收入回归系数为1.11；直补资金回归系数为0.04；项目扶持资金回归系数为0.06；技能培训回归系数为0.03。可见现有政策（直补资金、项目扶持资金和技能培训）对于移民增收的贡献程度有所不足。

1.工资性收入贡献程度

工资性收入在回归模型中的系数最大，表明其对增加水库移民收入的正向效应最大，每当工资性收入增加1个单位，人均可支配收入增加1.114个单位。产生这种结果的原因有两个：一是工资性收入在移民人均可支配收入中占有较大比例，为65%～80%；二是因为在实证分析所选用的6个研究区域，平均人均可支配收入由2010年的5287.16元增长至2018年的13431.5元，增长率为154.04%；平均工资性收入由2010年的3341.24元增长至2018年的9059.7元，增长率为171.15%，两者线性关系显著。随着我国社会主义市场经济体制的不断变革和完善，经济高速发展带来很多劳动力的需求，这使越来越多的农村水库移民来到城市工作，这种情况使移民的工资性收入得到了很大程度上的提高。并且又因为我国各大中心城市辐射能力在不断改进，有关乡镇企业的发展展现出一种爆发式的趋势，这同样也使移民的工资性收入得到了提高。

2.直补资金贡献程度

直补资金扶持对于水库移民而言，是最稳定的扶持收入。从实证结果来看，直补资金对于增加水库移民收入的正向效应并不突出，每当直补资金增加1个单位，人均可支配收入增加0.06个单位，在四个变量中排名第二。这是由于现行移民后期扶持标准是在2006年制定的，在当年的社会经济背景下，直补资金对于增加移民收入能够起到较为良好的效果。但是，当前我国处于经济社会高速发展时期，随着物价指数的上涨，资金的实际价值在不断降低，原本能够在水库移民后期扶持中处于关键地位的直补资金作用在不断降低。据统计资料显示，直补资金在水库移民收入中的占比已由2006年的17%降至2017年的4.5%。在此情况下，其实水库移民最终得到的收入实际上是在降低，这是因为保障和改善移民基本生活的直补资金在不断贬值。

3.项目扶持资金贡献程度

由实证结果可知，项目扶持对增加水库移民收入的正向效应仅次于工资性收入，每当项目扶持资金增加1个单位，人均可支配收入增加0.029个单位，在四个变量中排名第四。这是由于增加项目一方面在一定程度上缓解了水库移民行路难、上学难、就医难等后顾之忧，提高了水库移民的就业积极性；另一方面，基础设施项目的建设也增加了水库移民的就业机会，更好地引导安置区主导产业的发展，间接地提高了水库移民收入。但是，现有项目扶持资金力度仍然不够，在现阶段水库移民地区基础设施建设并不完善的情况下，项目扶持资金势必会持续地影响移民收入。

4.移民技能培训贡献程度

回归分析表明，移民技能培训对移民人均可支配收入影响的显著性最低，表明对增加水库移民收入的正向效应排名第三。每当移民技能培训增加1个单位，人均可支配收入仅增加0.038个单位。事实上，这有悖于当前水库移民后期扶持工作的方针，不利于水库移民工作从单纯安置补偿的传统做法中解脱出来，改消极补偿为积极创业，变救济生活为扶助生产。而造成这种结果的原因可能是：第一，水库移民劳动力转移人数较少，稳定居住在移民地区的人以不具备创业条件的老人或未成年人为主，不利于技能培训工作的开展。第二，水库移民自身意愿决定，劳动力大多更加愿意选择外出打工的形式增加收入。

结合上述分析可以看出，工资性收入对于水库移民增收的贡献是其他政策性变量的20倍左右。可见，现有政策虽然在一定程度上能够起到增收的效果，但是效果并不明显，仍需加强相关政策扶持以进一步提高移民收入。

4.4.3　建议

水库移民后期扶持增收效果评估最终应落实在增加移民收入上。由实证分析结果可以看出，尽管水库移民后期扶持政策（资金扶持、项目扶持和移民技能培训）对于增加移民收入的作用均显著，但它们的贡献度有所不足，对于移民增收效果最明显的是移民工资性收入。针对这种情况，提出以下建议：

1.制定有效的水库移民转移就业政策，增加移民工资性收入

工资性收入是水库移民收入的主要来源，也是保障水库移民收入的最强驱动力。对于移民来说，外出打工是其工资性收入的主要来源。因此，首先需要加强引导水库移民转移就业，劳动部门充分发挥其职能作用，将库区无法完全吸收的劳动力转移至外地工作，增大就业范围。其次，安置区需加强发展新型农业主体，完成移民以土地种植养殖为主到以工资性收入为主的过渡。充分贯彻"创新、协调、开放、绿色、共享"的发展理念，破解安置区发展难题，推动产业创新以满足不同群体移民的就业需求，扩大就业规模。

2.继续加强项目扶持政策落实，加大项目资金投入

首先，继续加强安置区基础设施项目建设，加大基础设施项目推进力度，确保责任到位、措施到位以及成效到位，实现移民生活环境的改善。其次，提高项目完成投资率，政府以及相关部门切实发挥其职能，深入调研项目滞后原因，帮助解决实际问题。最后，强化对项目扶持资金的监管力度。基于此，对于纳入资金统筹整合使用的扶持项目，不仅要不断加强定期的调度和日常的监管，还要保障这些项目依据批复的建设内容和目标实施，使得这些项目的扶持资金充分发挥作用。

3.完善直补资金发放政策，实行差异化补助

由上文实证结果可以看出，600元的直补标准对于增加水库移民收入的贡献度已经不明显。若不提高补助标准，部分移民群众基本生活没有保障，但是简单提高标准又有可能诱发新的不稳定因素。因此，建议在600元直补资金及时发放的基础上实施差异性增补方式。

4.立足移民意愿，积极落实移民技能培训政策

在实证分析中，尽管移民技能培训在增加水库移民收入上的贡献度最低，但这是由一定的历史性原因所造成的。建议各级移民管理机构应因地制宜，因地施策，在培训教育上多动脑筋，多想策略，多下功夫，一方面探索新的培训思路和方法，另一方面要充分调动移民群众参与的积极性，充分发挥其主动性，使其将发展看作是自己的一份责任，实现自我管理、自我提升。在确定各类培训项目之前，应由移民管理机构和移民群众共同决定，建立完善的监督机制，成立移民群众理事会，以确保培训扶持资金落到实处，提高资金利用率，展现移民管理机构和移民群众的创造性。

4.5　本章小结

本章基于面板数据构建了水库移民后期扶持增收效果评估模型，以河南省6典型区域为例，研究了水库移民后期扶持增收效果。首先，运用定性分析的方法选取水库移民收入的影响因素并确定变量，主要包括工资性收入，直补资金、项目扶持资金和移民技能培训4个解释变量，以能够直观反映水库移民生活水平的人均可支配收入作为被解释变量，为面板数据模型回归分析奠定基础。然后，通过固定效应变截距模型回归分析确定水库移民后期扶持增收效果。回归结果表明，现有政策对增加移民收入有一定的积极作用，但总体贡献度有所不足。在此基础上，从制定有效的水库移民转移就业政策、继续加强项目扶持政策落实、完善直补资金发放政策和积极落实移民技能培训政策四个方面提出了有针对性的增加水库移民收入的政策建议。

第5章 水库移民安置区后期扶持绩效多维综合定量评估方法

水库移民后期扶持属于社会保障制度的范畴，其目标除了实现水库移民增收之外，还要保障移民各项社会权益的实现。因此，除了微观层面的移民增收评估之外，还需对安置区后期扶持绩效综合水平进行评价。水库移民安置区后期扶持绩效涉及后期扶持活动的经济效果、社会效果、管理机构自身素质及管理能力等多个维度，如何构建针对上述特点的定量评估体系是需要研究的重点问题。为此，基于第3章研究框架，本章尝试建立一种科学有效的水库移民安置区后期扶持绩效多维综合定量评估体系。基于BSC和KPI方法构建安置区后期扶持绩效评估指标体系。在此基础上，综合考虑模糊层次分析法和熵权法，结合主观和客观两个层面确定各评价指标的综合权重。构建水库移民后期扶持绩效多维综合定量评估云模型，用以解决指标转换和评价结果等级判定的问题。并以河南省6个典型区域为例验证模型的有效性和可行性。

5.1 水库移民安置区后期扶持绩效评估指标体系的构建

5.1.1 指标体系构建原则

水库移民安置区后期扶持绩效综合评估指标体系是指由若干个能够刻画出移民经济、社会状况以及移民管理机构管理能力和工作效率的指标构成的一套体系。安置区后期扶持绩效评估的影响因子较多，这就要求在指标体系构建时，需要遵循指标体系的构建原则，具体如下：

（1）与经济社会发展相适应的原则。当前我国经济社会高速发展，反映水库移民生产生活水平的指标也发生了较大变化。因此，在指标选取过程中，要充分考虑当前我国经济社会发展态势，保证指标选取与经济社会发展相适应。

（2）可操作性原则。指标的选取并非越多越好，太多的重复性指标容易导致评估结果出现误差。因此，在指标的选取过程中，应充分考虑定量指标数据的可获得性。对于定性指标而言，需重点考虑概念上的清晰度以及评判上的准确度，确保指标的可行性。

（3）有效性原则。水库移民后期扶持绩效受众多因素影响，再加上移民是一个社会现象，本身情况较为复杂，因此在选取指标过程中要合理参照相关领域评价体系中出现频率较高、对评估结果影响较大的指标。

（4）全面性原则。水库移民后期扶持绩效水平是在多种因素相互作用下体现出来的，不仅要考虑后期扶持的实施和管理，还要考虑扶持的成效和结果。所构建的指标体系必须能够全面地反映水库移民后期扶持绩效的内容，这就要求选取的指标要尽可能地覆盖与研究目标相关的影响因素，尤其是避免关键性指标的缺失，从多个维度反映出评价对象的特征。

（5）定性和定量相结合的原则。水库移民后期扶持绩效评估是一项复杂的系统性工程，其评估结果受到经济、社会、管理机构能力及水平等多个因素的影响。一方面，这些因素中的有些因素能够用数据清晰地反映出来，但有些因素只是一个模糊概念，需要评估者通过主观判断来获取，因此，需要定性指标和定量指标相结合；另一方面，所选取的指标需要有明确的含义，在定性分析的基础上采用合理的量化方法，准确地发挥指标的评价作用。

5.1.2 水库移民安置区后期扶持绩效评估指标体系

在明确绩效评估指标体系构建原则后，根据现有文献对于绩效评估的指标选取，综合运用BSC和KPI方法，分别选取水库移民后期扶持绩效评估的维度和二、三级指标。

1. 一级指标选取的BSC法

BSC法在企业绩效评估中是构建与财务、顾客、内部流程、创新与学习四个维度相对应的绩效评价指标体系，用以综合反映战略管理绩效的财务与非财务信息。在水库移民后期扶持绩效评估一级指标的选取过程中，借鉴上述BSC法所提供的四个维度进行确定，即：

（1）财务维度：在水库移民后期扶持过程中，财务维度战略目标主要是提高水库移民经济效益。提高水库移民经济效益可以直观地反映出后期扶持政策的实施效果。因此，将财务维度一级指标对应为"经济绩效"。

（2）顾客维度：顾客维度的目标是实现顾客的满意度，反映在移民后期扶持过程中是指运用合理的手段使移民户对自身社会权益达到满意的程度。因此，将顾客维度一级指标对应为"社会绩效"。

（3）内部流程维度：内部流程维度是指管理者如何通过有效的管理途径来实现顾客的目标，反映在水库移民后期扶持过程中是指实现移民管理机构的人口管理、资金管理、项目管理等管理工作的规范化。因此，将内部流程维度一级指标对应为"管理绩效"。

（4）创新与学习维度：创新与学习维度是指管理者通过自身素质和业务水平的提高来实现顾客的目标，反映在水库移民后期扶持过程中是指提升移民管理机构整体工作能力和技术水平。因此，将创新与学习维度一级指标对应为"管理机构能力建设绩效"。

综上，构建的水库移民安置区后期扶持绩效综合评估维度（一级指标）为：经济绩效、社会绩效、管理绩效和管理机构能力建设绩效。

2.二、三级指标选取的KPI法

KPI法认为在绩效评估的过程中，必须抓住20%的关键指标，对之进行分析和衡量。在选取关键指标的过程中，结合河南省大中型水库移民后期扶持监测评估定量指标，同时参考10位专家的意见，修订形成经济绩效和社会绩效指标；采用德尔菲法，结合移民工作开展情况，形成管理绩效和机构能力建设绩效指标，具体如下。

（1）经济绩效：经济收入是最能够反映水库移民生活状况的直接因素，与移民经济收入紧密相关的指标为移民的收支水平和移民户的财产状况，它们反映了移民能够维持和改善生活的能力。基于这种考虑，将经济绩效维度定为收支指标和财产水平指标。其中，收支指标就是以最能够反映水库移民收入以及支出水平的人均可支配收入和人均支出与当地村民的差异作为三级指标；财产水平指标是以移民户所拥有的住房价值、家电、汽车、电动车等财产与当地村民的差异作为三级指标。

（2）社会绩效：社会绩效是水库移民正当权益的反映，也是水库移民后期扶持效果评价的重要指标，它事关移民安置区社会稳定。水库移民后期扶持社会绩效的最高标准是实现居民的全面发展。因此，社会绩效的评价应以居民的全面发展为中心来构建，主要包括基础设施建设指标、文化教育指标和社会保障指标三个方面。

其中，基础设施建设是水库移民后期扶持主要的体现形式，它影响着移民正常的社会经济活动，是实现移民安置区社会稳定的关键基础。结合新农村建设总体部署，以影响移民生产效率的农业机械化率、影响移民生活环境的环境治理投入和影响移民生活方式的互联网普及率作为三级指标。文化教育是一个地区社会经济发展的源泉，尤其是对于移民来说，做到有学可上、提高移民生产生活能力的重要保证，本书以教育支出投入作为其三级指标。社会保障是实现"共享"发展的重要途径。保证移民"老有所养，病有所医"是实现移民区社会稳定的重要保证。因此，选取医保参加率和养老保险参加率作为其三级指标。

（3）管理绩效：水库移民后期扶持实施效果与管理机构的管理过程息息相关。完善的管理方式有助于提高后期扶持资金使用效率，实现后期扶持目标。反之，落后的管理手段会使后期扶持效果大打折扣，后期扶持资金难以发挥其效用，甚至会引起移民矛盾，引发社会问题。后期扶持过程中的管理范围主要包括人口管理、项目管理和资金管理三个方面。

其中，人口管理是指对移民人口的动态管理，这关系着直补资金的发放等关键问题，本书以人口动态管理作为其三级指标。项目管理是指对水库移民后期扶持项目全寿命周期的管理，包括项目规划、项目实施、项目监督等方面。因此，以项目实施公开程度、年度计划制定和变更、建设管理规范程度、移民参与和监督程度作为其三级指标。后期扶持过程也是资金的流动过程。因此，以资金下达情况、资金支出方向以及资金使用管理作为其三级指标。

（4）机构能力建设绩效：机构能力建设能够反映移民后期扶持管理机构自身的素质，其组织体系是否健全、政策制定是否到位直接关系着后期扶持绩效水平的高低。因此，从组织保证和政策保障两个方面来反映水库移民后期扶持机构能力建设绩效水平。

其中，完善的组织构架和明确的职能分工是构建健全组织体系的强力保证，有利于机构人员充分发挥自身优势，提升工作效率。同时，水库移民后期扶持处于不断的动态变化过程中，需要与时俱进，加强信息系统建设。因此，以组织机构的健全情况、职能分工情况和信息系统建设情况作为机构能力建设绩效的三级指标。政策保障包括政策本身和执行的有效性。因此，选取政策制定和实施效果作为其三级指标。

本小节在指标体系构建原则的指导下，基于BSC法和KPI法选取了4个一级指标、10个二级指标、24个三级指标构建水库移民后期扶持绩效评估指标体系。本小节的目的在于对水库移民后期扶持绩效水平进行评估，从本质上而言是一种效益评判，而这种效益评判需要在客观事实的基础上重点关注两方面的内容：一个是水库移民的收益，主要表现为移民的经济收益水平和社会收益水平；另一个是后期扶持政策的执行能力，主要表现为移民管理机构自身水平以及管理能力。可以看出，从经济绩效、社会绩效、管理绩效和机构能力建设绩效4个维度构建评价指标体系，能够较为完整地反映出水库移民后期扶持绩效综合水平。同时，考虑到指标之间的可比性和数据的可获得性，构建如表5-1所示的指标体系。

后期扶持绩效评估指标体系　　　　　　　　　　　表5-1

维度	二级指标	三级指标
经济绩效（A1）	收支（B11）	移民与当地农村居民人均可支配收入比（C111）
		移民与当地农村居民人均消费支出比（C112）
	财产（B12）	移民与当地农村居民人均拥有住房价值比（C121）
		移民与当地农村居民户均家电拥有量比（C122）
		移民与当地农村居民户均电动车拥有量比（C123）
		移民与当地农村居民户均汽车拥有量比（C124）
社会绩效（A2）	公共设施建设（B21）	移民村与当地农村环境治理投入情况比（C211）
		移民村与当地农村农业机械化率比（C212）
	文化教育（B22）	移民户与当地农村互联网覆盖率比（C213）
		移民与当地农村居民人均教育支出比（C221）
	社会保障（B23）	移民与当地农村居民新农村合作医疗参加率比（C231）
		移民与当地农村居民养老保险参加率比（C232）
管理绩效（A3）	人口管理（B31）	后期扶持人口动态管理（C311）
	项目管理（B32）	项目实施公开程度（C321）
		年度计划制定和变更（C322）
		建设管理规范程度（C323）
		移民参与和监督程度（C324）
	资金管理（B33）	资金下达情况（C331）
		资金支出方向（C332）
		资金使用管理情况（C333）

续表

维度	二级指标	三级指标
机构能力建设绩效（A4）	组织保障（B41）	组织机构健全情况（C411）
		职能分工明确情况（C412）
		信息系统建设情况（C413）
	政策保障（B42）	政策制定与实施效果（C421）

注：经济绩效和社会绩效两个维度指标为定量指标，管理绩效和机构能力建设绩效两个维度指标为定性指标。

5.2 绩效评估指标权重的确定

指标权重确定方法主要包括主观权重确定法和客观权重确定法两大类。这两种权重计算方式均有其优缺点：主观权重确定方法的缺点为权重的计算有较强的主观性；客观权重确定方法得到的权重尽管能够较为客观地反映各评价指标对水库移民后期扶持绩效的影响程度，但忽略了评价者对系统的主观认识，容易出现计算得到的权重值与实际重要程度相违背的现象。为了避免单一权重确定方法的缺陷，需要兼顾指标权重的客观性和专家的知识和经验以及评价者的意见，从而实现指标赋权结果更加科学。本节将主观权重确定方法中的 FAHP 与客观权重确定方法中的熵权法结合起来，形成一种主客观综合权重确定方法来计算绩效评估指标的权重。

5.2.1 主观权重确定方法

主观权重中比较成熟的方法为层次分析法（AHP），采用 AHP 法最重要的一步是利用九标度法构造判断矩阵，并且在决策中起决定性作用的是专家的主观性观点及其经验。由于水库移民问题受安置区经济、社会、管理等多因素的影响，并且专家们的知识结构不一以及他们自身拥有的资料有一定程度的局限性，所以很难实现定性指标和定量数据之间的转换。专家依据其主观经验进行决策，这将会导致构造的判断矩阵不准确，或者是该矩阵无法一次通过一致性检验；通过多次修改和调整，即便能够使一致性的要求达到标准，但计算量大，而且精度也较低。

因传统的 AHP 法在实际应用中存在弊端，故模糊的理念被引入到层次分析法中，提出了针对传统 AHP 法存在问题改进的 FAHP 法。部分学者在层次分析法基础上，融合模糊数学理论，构建了指标权重确定的模糊层次分析法。与传统的 AHP 法比较，FAHP 法不仅提高了权重计算结果的精度，同时简化了计算步骤[152, 153]。

FAHP法和AHP法大同小异，差异点在于AHP法中的判断矩阵（互反判断矩阵）与FAHP法中的模糊一致性矩阵，指标权重计算方法不同，本节参照Lee的做法，计算指标的主观权重[154]。具体步骤不再赘述。

5.2.2　客观权重确定方法

熵源于物理学的概念，反映了信息的无序程度。评价指标所能够反映的信息无序程度越小，则熵值越小，而该指标在系统中的重要性越高，权重越大[155, 157]。熵权法确定指标权重的主要步骤如下。

1.对原始数据标准化处理

对于水库移民后期扶持绩效评估指标体系，以 n 代表评价指标个数，以 S 代表评价对象的数量，这就构造了原始矩阵 $\boldsymbol{L}=(l_{ij})_{n\times s}$。式中，$l_{ij}$ 表示第 j 个评价对象第 i 个评价指标的初始值。由于水库移民绩效评估各指标量纲不同，需首先做无量纲化处理。将原始矩阵进行标准化处理得 $\overline{\boldsymbol{L}}=(\bar{l}_{ij})_{n\times s}$。该式中，$\bar{l}_{ij}$ 表示第 j 个评价对象第 i 个评价指标的标准化值，$\bar{l}_{ij}$ 满足 $0\leqslant l_{ij}\leqslant 1$。

对于正向指标：

$$\bar{l}_{ij} = \frac{l_{ij} - \min_{j}\{l_{ij}\}}{\max_{j}\{l_{ij}\} - \min_{j}\{l_{ij}\}} \tag{5-1}$$

对于负向指标：

$$\bar{l}_{ij} = \frac{\min_{j}\{l_{ij}\} - l_{ij}}{\max_{j}\{l_{ij}\} - \min_{j}\{l_{ij}\}} \tag{5-2}$$

归一化处理后，得到矩阵 $\overline{\boldsymbol{L}}=(\bar{l}_{ij})_{n\times s}$。

2.确定指标熵值

$$e_i = -k\sum_{j=1}^{s} \bar{l}_{ij}\ln\bar{l}_{ij}, \quad (i=1,2,\cdots,n) \tag{5-3}$$

其中，

$$k = \frac{1}{\ln s} \tag{5-4}$$

并且假定 $\bar{l}_{ij}=0$ 时，$\bar{l}_{ij}\ln\bar{l}_{ij}=0$。

3.确定指标熵权

$$h_i = \frac{1 - e_i}{n - \sum\limits_{i=1}^{n} e_i}, \quad (i = 1, 2, \cdots, n) \tag{5-5}$$

最终可得到各指标权重为：

$$H = (h_1, \ h_2, \ \cdots, \ h_n)^{\mathrm{T}} \tag{5-6}$$

5.2.3 组合权重确定方法

组合权重是把主观权重和客观权重结合起来考虑，一般是依据主观权重和客观权重所占比例对其进行不同形式的组合。本节综合考虑FAHP法和熵权法的优势，用FAHP法限制熵权法来得到指标的综合权重。

运用FAHP法在计算过程中排除意见偏差较大的专家的权重值后，得到每个绩效评价因素所对应的权重上下限数值，以a表示下限，以b表示上限。其基本思路是以$[a, b]$这个区间来限制由熵权法求得的权重，这样可使权重避免极值的影响，具体如下。

设由熵权法求得的权重为h_j，则当$h_j < a$时，即a为所需组合权重，剩余权重按式（5-7）进行分配：

$$h_k^s = \left(h_j - a\right) \frac{h_k}{\sum\limits_{i=j+1}^{n} h_i} + h_k, \quad \left(k = j+1, j+2, \cdots, n\right) \tag{5-7}$$

$h_j \in [a, \ b]$时，$h_k^s = h_k$；

当$h_j > b$时，即b为所需组合权重，剩余权重按式（5-8）进行分配：

$$h_k^s = \left(h_j - b\right) \frac{h_k}{\sum\limits_{i=j+1}^{n} h_i} + h_k, \quad \left(k = j+1, j+2, \cdots, n\right) \tag{5-8}$$

重复上述步骤直至所需组合权重落入区域$[a, \ b]$内。

h_k^s即为组合权重。该权重是在FAHP法所获得的权重范围内，限制熵权法所得到的。这种方法的合理性在于，一方面体现出了专家的主观意愿，另一方面体现了指标的数据信息。区别于传统的加法合成法的组合权重计算方法，将由熵权法确定的权重限制在主观权重法所确定的区间内，使得其解释性更强，同时可使求得的权重避免极值的影响，增加了权重计算结果的合理性。

5.3　水库移民安置区绩效综合评估云模型的构建

5.3.1　云理论

设C为某一论域U上的一组概念，对于U上的一个数值x，其为概念C的一次随机实现，以μ_x作为x对C的确定度，且满足$\mu_x \in [0，1]$，则称x在U上的分布为云，以$C(x)$来表示。以期望、熵和超熵权来反映概念C的定量特征，分别记为E_x、E_n和H_e，用以量化研究区域水库移民后期扶持绩效水平。其中，期望E_x表示论域空间最具代表性的定性概念值，反映了移民后期扶持绩效综合评价的中心值；熵E_n是反映了概念的无序性；超熵H_e反映了熵的随机性，反映了论域空间中绩效评估值的凝聚程度，H_e越小，云滴的厚度就越小[158]，也表明移民后期扶持绩效评价指标值的偏离程度越小，所得结果稳定性越好。

对于上述云模型，若数值x服从正态分布，且其确定度满足式（5-9），则称其为正态云。正态云是一种特殊的云分布，其云滴对应数值可由标准正态函数来计算。在实现定性概念向定量数值转化过程中，采用正向云发生算法，通过样本数据的期望、熵、超熵生成云滴，其具体思路为

$$\mu(x) = \exp\left[-\frac{(x - E_x)^2}{2(E_n')^2} \right] \tag{5-9}$$

其中，E_x为均值；E_n'为标准差。

（1）若x服从正态分布，则变量E_n'也服从正态分布，以E_n为期望，以H_e为其标准差，生成正态随机数E_n'。

（2）生成正态随机数x。

（3）由上述公式求得x的确定度，得到一个云滴。

（4）重复上述三个步骤，直到得到的云滴满足研究要求为止。

由正向云发生算法得到的云分布近似服从正态分布，具有"两头平缓，中间峰值"的基本特征，可以对幂律现象的"二八定律"进行描述。可以看出，正态云模型的适用性较好，也是一种十分重要的云模型。

同样，在实现定量数值向定性概念的过程中，采用逆向云算法，具体思路如下。

首先，根据样本指标值 $\{x_1,\ x_2,\ \cdots,\ x_n\}$ 计算样本均值和方差：

$$\overline{X} = \frac{1}{n}\sum_{i=1}^{n}x_i \tag{5-10}$$

$$S^2 = \frac{1}{n-1}\sum_{i=1}^{n}(x_i - \overline{X})^2 \tag{5-11}$$

然后，计算期望、熵以及超熵的估计值：

$$\widehat{E}_x = \overline{x} \tag{5-12}$$

$$\widehat{E}_n = \sqrt{\frac{\pi}{2}} \times \frac{1}{n}\sum_{i=1}^{n}\left|x_i - \widehat{E}_x\right| \tag{5-13}$$

$$\widehat{H}_e = \sqrt{s^2 - \widehat{E}_n^{\,2}} \tag{5-14}$$

依此思路，根据样本即可得到云 $C(E_x, E_n, H_e)$ 的点估计值 $C(\widehat{E}_x, \widehat{E}_n, \widehat{H}_e)$。

5.3.2 绩效评估云模型

1.评价等级语言评价值的云变换

对于水库移民后期扶持绩效评估标准的云化过程，选用正向云模型以实现该过程。对于不同的定量指标变量选用不同的方式，首先对于具有上下限阈值限制的指标，如 $x \in (a,\ b)$，在评语云模型中，其数值的数字特征计算公式可表示为

$$\begin{cases} E_x = \dfrac{a+b}{2} \\[2mm] E_n = \dfrac{a-b}{6} \\[2mm] H_e = i \end{cases} \tag{5-15}$$

式中，i 代表云化过程中云的离散程度以及云滴的凝聚程度，通常为常数，且其数值的取值范围为 [0，0.02]，具体数据的取值，主要是由指标本身的模糊阈度确定，本书取其中间值，即 $i=0.01$。

其次，对于只有单一上限或下限的定量指标，如 $x_j \in (a_j,\ +\infty)$，其具体方法有所不同，针对数据的取值范围，确定其上限或是下限值，以此可得数据的边界参数或是期望值。随后，根据双边界限的定量指标的数字特征计算公式计算数字特征。以评价因子 x_j 的 5 个评价等级的区间为例，说明具体的过程，设定评价等级分别为优、良、中、低、差，相应的数值范围为优（a，$+\infty$）、良（b，a）、中（c，b）、低

(d, c)、差$(0, d)$，再根据式（5-15）可得，各评价等级对应的云模型数字特征，具体数值如表5-2所示。

云模型数字特征计算规则

表5-2

评价等级	期望 E_x	熵 E_n	超熵 H_e
优	$E_{x1}=a$	$E_{n1}=E_{n2}$	0.01
良	$E_{x2}=(a+b)/2$	$E_{n2}=(a-b)/6$	0.01
中	$E_{x3}=(b+c)/2$	$E_{n3}=(b-c)/6$	0.01
低	$E_{x4}=(c+d)/2$	$E_{n4}=(c-d)/6$	0.01
差	$E_{x5}=(d+0)/2$	$E_{n5}=(d-0)/6$	0.01

2.确定评价综合云模型

在同一个论域下，会有两朵或更多的服从正态分布的云 $C_i(E_{xi}, E_{ni}, H_{ei})$ 产生，而后将这些离散云集结后，可实现综合云的生成，即将每个绩效指标的数字特征值集成，可得到在准则层层面的综合云数值，再将准则层的数字特征值集成后可得到目标层的综合云，可表示为

$$\text{CWAA}_w(C_1, C_2, \cdots, C_n) = C(E_x, E_n, H_e) \tag{5-16}$$

其中，

$$E_x = \sum_{i=1}^{n} w_i E_{xi} \tag{5-17}$$

$$E_n = \sqrt{\sum_{i=1}^{n} w_i E_{ni}^2} \tag{5-18}$$

$$H_e = \sqrt{\sum_{i=1}^{n} w_i H_{ei}^2} \tag{5-19}$$

并满足

$$\sum_{i=1}^{n} w_i = 1 \tag{5-20}$$

若 $w_i = \dfrac{1}{n}(i=1, 2, \cdots, n)$，则

$$\text{CWAA}_w(C_1, C_2, \cdots, C_n) = C\left(\frac{1}{n}\sum_{i=1}^{n}E_{xi}, \frac{1}{n}\sqrt{n\sum_{i=1}^{n}E_{ni}^2}, \frac{1}{n}\sqrt{n\sum_{i=1}^{n}H_{ei}^2}\right) \tag{5-21}$$

3.云模型相似性的测度方法

在进行水库移民后期扶持绩效评估的过程中，运用评价综合云的期望 E_x、熵 E_n 和超熵 H_e，计算与标准云的隶属度，根据最大隶属度原则对综合云等级进行判定，

从而确定综合云的评估等级。

标准云是根据指标标准阈值确定的，指标标准阈值是水库移民后期扶持绩效评估指标评定的基准值，确定了指标等级，直接决定了系统评价结果的真实性。因此，确定合理的评价标准对于水库移民后期扶持绩效评估至关重要。

本小节邀请10位相关专家，借鉴其他绩效评价的度量标准，将水库移民后期扶持绩效因子进行分级。根据后期扶持的长期目标，将比值性指标的区间定为[0，+∞]，分值性指标的区间值定为[0，100]，由专家根据相关度量标准确定指标值。水库移民后期扶持绩效因子等级标准如表5-3所示。

水库移民后期扶持绩效因子等级标准 表5-3

绩效指标	优	良	中	低	差
C111	[1~+∞]	(1~0.9]	(0.9~0.8]	(0.8~0.7]	(0.7~0]
C112	[1~+∞]	(1~0.9]	(0.9~0.8]	(0.8~0.7]	(0.7~0]
C121	[1~+∞]	(1~0.9]	(0.9~0.8]	(0.8~0.7]	(0.7~0]
C122	[1~+∞]	(1~0.9]	(0.9~0.8]	(0.8~0.7]	(0.7~0]
C123	[1~+∞]	(1~0.9]	(0.9~0.8]	(0.8~0.7]	(0.7~0]
C124	[1~+∞]	(1~0.9]	(0.9~0.8]	(0.8~0.7]	(0.7~0]
C211	[1~+∞]	(1~0.95]	(0.95~0.9]	(0.9~0.85]	(0.85~0]
C212	[1~+∞]	(1~0.95]	(0.95~0.9]	(0.9~0.85]	(0.85~0]
C213	[1~+∞]	(1~0.95]	(0.95~0.9]	(0.9~0.85]	(0.85~0]
C221	[1~+∞]	(1~0.95]	(0.95~0.9]	(0.9~0.85]	(0.85~0]
C231	[1~+∞]	(1~0.95]	(0.95~0.9]	(0.9~0.85]	(0.85~0]
C232	[1~+∞]	(1~0.95]	(0.95~0.9]	(0.9~0.85]	(0.85~0]
C311	[100~92]	(92~84]	(84~76]	(76~68]	(68~0]
C321	[100~92]	(92~84]	(84~76]	(76~68]	(68~0]
C322	[100~92]	(92~84]	(84~76]	(76~68]	(68~0]
C323	[100~90]	(90~80]	(80~70]	(70~60]	(60~0]
C324	[100~90]	(90~80]	(80~70]	(70~60]	(60~0]
C331	[100~92]	(92~84]	(84~76]	(76~68]	(68~0]
C332	[100~95]	(95~90]	(90~85]	(85~80]	(80~0]
C333	[100~95]	(95~90]	(90~85]	(85~80]	(80~0]
C411	[100~95]	(95~90]	(90~85]	(85~80]	(80~0]
C412	[100~92]	(92~84]	(84~76]	(76~68]	(68~0]
C413	[100~90]	(90~80]	(80~70]	(70~60]	(60~0]
C421	[100~92]	(92~84]	(84~76]	(76~68]	(68~0]

5.3.3 绩效综合评估流程

水库移民后期扶持绩效综合评估流程如图5-1所示。

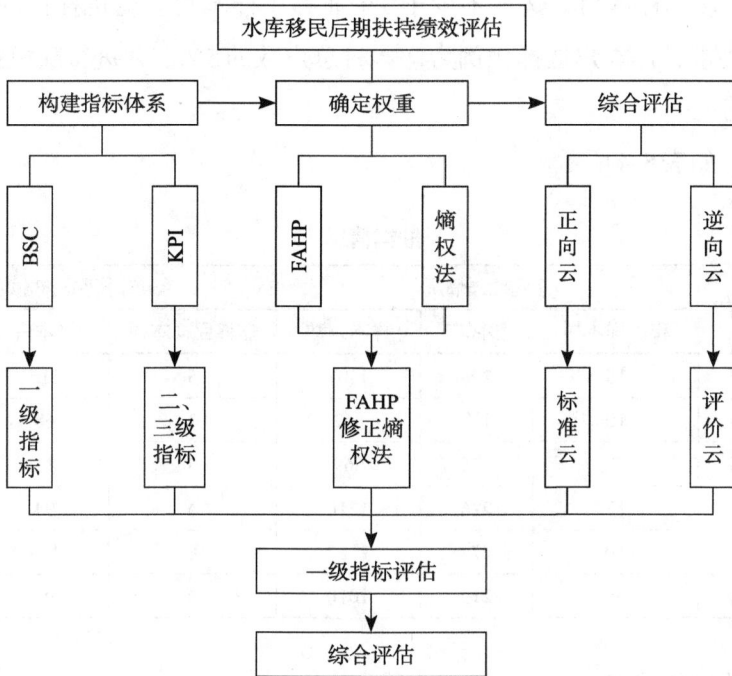

图5-1 绩效评估流程示意

5.4 河南省典型移民安置区案例分析

5.4.1 指标调查及分析

河南省水库移民人数众多，后期扶持工作主要采取直补到人和项目扶持相结合的方式来进行。核定到人的移民采取600元/（人·年）的扶持方式，未核定到人的按600元/（人·年）的标准发放至县级移民管理机构，用来实施后期扶持项目。研究对象为第3章3.1.2小节中提出的河南省6个典型区域，共计抽取91个村，1888户。其中，移民村64个，移民户1320户；非移民村27个，非移民户568户，并对6个研究区域的移民管理机构进行访谈和业务监测，以获得样本数据。

1.抽样标准

根据安置区的移民人口抽取样本：5万人以上的移民县，选取不少于15个移民样本村，选取不少于5个非移民样本村；3万～5万之间的移民县，选取不少于12

个移民样本村，选取不少于4个非移民样本村；2万～3万人的移民县，选取不少于10个移民样本村，选取不少于3个非移民样本村；1万～2万之间的移民县，选取不少于8个移民样本村，选取不少于3个非移民样本村。随机抽样的样本户兼顾数量和质量要求，样本户选择比例为样本村总户数的5%，并进行随机抽样。

2. 抽样情况

抽样情况如表5-4所示。

抽样情况

表5-4

区域	移民人口	移民抽样情况			非移民抽样情况		
		移民样本村	移民户	样本人数	非移民样本村	样本户	样本人数
1	54797	15	296	1407	5	115	512
2	26109	10	177	862	3	68	315
3	17876	8	135	669	3	71	346
4	38000	12	226	1210	4	94	448
5	29207	10	273	1132	8	125	570
6	18371	9	213	1010	4	95	448

3. 指标数据的采集

本书所涉及的定量指标数据来源于实地调研。2019年1月，对所选典型区域样本村和样本户的经济收入和社会效益进行调查，并对数据进行处理。所涉及的内业数据，由各地移民管理机构提供原始资料，邀请5位移民管理方面的专家、3位绩效管理方面的专家和两位县一级移民管理机构工作人员，共计10位相关人员对收集回来的内业数据、调查结果和情况说明，根据本书后的附表给出的标准，对相应指标进行打分。

5.4.2 指标权重确定

根据式（5-1）～式（5-6）计算各指标客观权重，根据FAHP法计算各指标主观权重，并在计算过程中排除与其他专家偏差较大的专家意见权重值后，提取各个绩效评价因素对应权重的边界值，最大值为b，最小值为a。由式（5-7）～式（5-8）计算各指标综合权重，结果如表5-5所示。

综合权重计算 表5-5

指标	a(min)	b(max)	熵权	综合权重	相对一级指标权重
C111	0.0548	0.0620	0.0212	0.0532	0.1856
C112	0.0501	0.0550	0.0353	0.0497	0.1734
C121	0.0463	0.0510	0.0824	0.0518	0.1807
C122	0.0434	0.0470	0.0163	0.0424	0.1479
C123	0.0444	0.0460	0.0122	0.0440	0.1535
C124	0.0418	0.0460	0.0676	0.0456	0.1591
C211	0.0467	0.0523	0.0205	0.0469	0.1816
C212	0.0465	0.0495	0.0213	0.0464	0.1796
C213	0.0392	0.0468	0.0335	0.0397	0.1537
C221	0.0379	0.0422	0.0675	0.0422	0.1634
C231	0.0392	0.0431	0.0543	0.0422	0.1634
C232	0.0388	0.0418	0.0432	0.0409	0.1583
C311	0.0306	0.0321	0.1141	0.0351	0.1403
C321	0.0272	0.0299	0.0243	0.0270	0.1079
C322	0.0242	0.0286	0.0453	0.0266	0.1063
C323	0.0268	0.0286	0.0151	0.0253	0.1011
C324	0.0272	0.0290	0.0524	0.0292	0.1167
C331	0.0306	0.0321	0.0509	0.0312	0.1247
C332	0.0341	0.0367	0.0178	0.0401	0.1603
C333	0.0350	0.0367	0.0354	0.0357	0.1427
C411	0.0489	0.0578	0.0211	0.0499	0.2437
C412	0.0458	0.0578	0.0546	0.0565	0.2759
C413	0.0463	0.0524	0.0343	0.0479	0.2339
C421	0.0413	0.0488	0.0594	0.0505	0.2466

5.4.3 绩效评估结果

1.等级标准云化

数据标准化处理之后,由式(5-15)云模型数字特征计算规则和表5-5计算的指标权重,获得绩效评价各级指标的云模型数字特征值,从而得到水库移民后期扶持绩效评估因子等级标准云化情况见表5-6～表5-8。

水库移民后期扶持绩效因子等级标准的云化情况　　　　表5-6

评价指标	等级	E_x	E_n	H_e
C111	优	1	0.0167	0.01
	良	0.95	0.0167	0.01
	中	0.85	0.0167	0.01
	低	0.75	0.0167	0.01
	差	0.35	0.1167	0.01
C112	优	1	0.0167	0.01
	良	0.95	0.0167	0.01
	中	0.85	0.0167	0.01
	低	0.75	0.0167	0.01
	差	0.35	0.1167	0.01
C121	优	1	0.0167	0.01
	良	0.95	0.0167	0.01
	中	0.85	0.0167	0.01
	低	0.75	0.0167	0.01
	差	0.35	0.1167	0.01
C122	优	1	0.0167	0.01
	良	0.95	0.0167	0.01
	中	0.85	0.0167	0.01
	低	0.75	0.0167	0.01
	差	0.35	0.1167	0.01
C123	优	1	0.0167	0.01
	良	0.95	0.0167	0.01
	中	0.85	0.0167	0.01
	低	0.75	0.0167	0.01
	差	0.35	0.1167	0.01
C124	优	1	0.0167	0.01
	良	0.95	0.0167	0.01
	中	0.85	0.0167	0.01
	低	0.75	0.0167	0.01
	差	0.35	0.1167	0.01
C211	优	1	0.0083	0.01
	良	0.975	0.0083	0.01
	中	0.925	0.0083	0.01

评价指标	等级	E_x	E_n	H_e
C211	低	0.875	0.0083	0.01
	差	0.425	0.1417	0.01
C212	优	1	0.0083	0.01
	良	0.975	0.0083	0.01
	中	0.925	0.0083	0.01
	低	0.875	0.0083	0.01
	差	0.425	0.1417	0.01
C213	优	1	0.0083	0.01
	良	0.975	0.0083	0.01
	中	0.925	0.0083	0.01
	低	0.875	0.0083	0.01
	差	0.425	0.1417	0.01
C221	优	1	0.0083	0.01
	良	0.975	0.0083	0.01
	中	0.925	0.0083	0.01
	低	0.875	0.0083	0.01
	差	0.425	0.1417	0.01
C231	优	1	0.0033	0.01
	良	0.99	0.0033	0.01
	中	0.97	0.0033	0.01
	低	0.95	0.0033	0.01
	差	0.47	0.1567	0.01
C232	优	1	0.0033	0.01
	良	0.99	0.0033	0.01
	中	0.97	0.0033	0.01
	低	0.95	0.0033	0.01
	差	0.47	0.1567	0.01
C311	优	0.96	0.0133	0.01
	良	0.88	0.0133	0.01
	中	0.8	0.0133	0.01
	低	0.72	0.0133	0.01
	差	0.34	0.1133	0.01
C321	优	0.96	0.0133	0.01

评价指标	等级	E_x	E_n	H_e
C321	良	0.88	0.0133	0.01
	中	0.8	0.0133	0.01
	低	0.72	0.0133	0.01
	差	0.34	0.1133	0.01
C322	优	0.96	0.0133	0.01
	良	0.88	0.0133	0.01
	中	0.8	0.0133	0.01
	低	0.72	0.0133	0.01
	差	0.34	0.1133	0.01
C323	优	0.95	0.0167	0.01
	良	0.85	0.0167	0.01
	中	0.75	0.0167	0.01
	低	0.65	0.0167	0.01
	差	0.3	0.1000	0.01
C324	优	0.95	0.0167	0.01
	良	0.85	0.0167	0.01
	中	0.75	0.0167	0.01
	低	0.65	0.0167	0.01
	差	0.3	0.1000	0.01
C331	优	0.96	0.0133	0.01
	良	0.88	0.0133	0.01
	中	0.8	0.0133	0.01
	低	0.72	0.0133	0.01
	差	0.34	0.1133	0.01
C332	优	0.975	0.0083	0.01
	良	0.925	0.0083	0.01
	中	0.875	0.0083	0.01
	低	0.825	0.0083	0.01
	差	0.4	0.1333	0.01
C333	优	0.975	0.0083	0.01
	良	0.925	0.0083	0.01
	中	0.875	0.0083	0.01
	低	0.825	0.0083	0.01

续表

评价指标	等级	E_x	E_n	H_e
C333	差	0.4	0.1333	0.01
C411	优	0.975	0.0083	0.01
	良	0.925	0.0083	0.01
	中	0.875	0.0083	0.01
	低	0.825	0.0083	0.01
	差	0.4	0.1333	0.01
C412	优	0.96	0.0133	0.01
	良	0.88	0.0133	0.01
	中	0.8	0.0133	0.01
	低	0.72	0.0133	0.01
	差	0.34	0.1133	0.01
C413	优	0.95	0.0167	0.01
	良	0.85	0.0167	0.01
	中	0.75	0.0167	0.01
	低	0.65	0.0167	0.01
	差	0.3	0.1000	0.01
C421	优	0.96	0.0133	0.01
	良	0.88	0.0133	0.01
	中	0.8	0.0133	0.01
	低	0.72	0.0133	0.01
	差	0.34	0.1133	0.01

确定一级指标的标准云数字特征 表5-7

指标	等级	E_x	E_n	H_e
经济绩效（A1)	优	1	0.0167	0.01
	良	0.95	0.0167	0.01
	中	0.85	0.0167	0.01
	低	0.75	0.0167	0.01
	差	0.35	0.1167	0.01
社会绩效（A2)	优	1	0.0067	0.01
	良	0.9799	0.0067	0.01
	中	0.9397	0.0067	0.01
	低	0.8995	0.0067	0.01

续表

指标	等级	E_x	E_n	H_e
社会绩效（A2）	差	0.4397	0.1466	0.01
管理绩效（A3）	优	0.9620	0.0127	0.01
	良	0.8861	0.0127	0.01
	中	0.8102	0.0127	0.01
	低	0.7343	0.0127	0.01
	差	0.3482	0.1161	0.01
机构能力建设绩效（A4）	优	0.9612	0.0129	0.01
	良	0.8836	0.0129	0.01
	中	0.8060	0.0129	0.01
	低	0.7284	0.0129	0.01
	差	0.3448	0.1149	0.01

确定综合标准云数字特征　　　　　　　　　　　　　　　表5-8

等级	E_x	E_n	H_e
优	0.9827	0.0123	0.01
良	0.9284	0.0123	0.01
中	0.8545	0.0123	0.01
低	0.7805	0.0123	0.01
差	0.3718	0.1239	0.01

　　由式（5-11）～式（5-14）云模型数字特征计算规则和各研究区域样本数据计算各区域指标云模型数字特征。其中，移民与当地农村居民人均可支配收入比（C111）、移民与当地农村居民人均消费支出比（C112）、移民与当地农村居民人均教育支出比（C221）以移民户数据为单位计算云模型特征值。移民与当地农村居民人均拥有住房价值（C121）、移民与当地农村居民户均家电拥有量比（C122）、移民与当地农村居民户均电动车拥有量比（C123）、移民与当地农村居民户均汽车拥有量比（C124）、移民村与当地农村环境治理投入比（C211）、移民村与当地农村农业机械化率比（C212）、移民户与当地农村居民户互联网覆盖率比（C213）、移民与当地农村居民新农村合作医疗参加率比（C231）、移民与当地农村居民养老保险参加率比（C232）以村为单位计算云模型特征值。当地农村居民指标数据情况均以区域为单位作为参照。特征值计算结果如表5-9所示。

样本区域云模型数字特征

表5-9

绩效指标	区域1			区域2			区域3			区域4			区域5			区域6		
	E_x	E_n	H_e	E_x	E_n	H_e	E_x	E_n	H_e	E_x	E_n	H_e	E_x	E_n	H_e	E_x	E_n	H_e
C111	0.89	0.2356	0.0924	0.88	0.2432	0.0812	0.83	0.2098	0.0871	0.90	0.1998	0.0852	0.89	0.2260	0.0886	0.82	0.2083	0.0816
C112	0.86	0.2277	0.0899	0.82	0.2156	0.0875	0.74	0.2189	0.0843	0.88	0.2189	0.0841	0.85	0.2287	0.0898	0.76	0.2037	0.0800
C121	0.92	0.0156	0.0071	0.94	0.0256	0.0068	0.78	0.0246	0.0088	0.91	0.0257	0.0083	0.92	0.0240	0.0084	0.80	0.0208	0.0073
C122	0.97	0.0252	0.0105	0.92	0.0212	0.0095	0.88	0.0215	0.0176	0.93	0.0208	0.0158	0.94	0.0225	0.0138	0.88	0.0211	0.0129
C123	0.94	0.0334	0.0203	0.95	0.0314	0.0193	0.89	0.0279	0.0215	1.00	0.0298	0.0204	0.96	0.0312	0.0209	0.88	0.0285	0.0191
C124	0.91	0.0188	0.0176	0.87	0.0192	0.0158	0.71	0.0212	0.0137	0.90	0.0207	0.0153	0.89	0.0213	0.0168	0.72	0.0172	0.0135
C211	0.98	0.0235	0.0136	1.00	0.0185	0.0116	0.97	0.0208	0.0124	0.97	0.0211	0.0109	0.98	0.0211	0.0122	0.96	0.0206	0.0119
C212	1.00	0.0178	0.0066	0.95	0.0178	0.0046	0.92	0.0217	0.0057	0.91	0.0199	0.0048	0.95	0.0195	0.0055	0.93	0.0191	0.0054
C213	0.88	0.0342	0.0105	0.85	0.0242	0.0125	0.80	0.0209	0.0129	0.90	0.0219	0.0148	0.88	0.0258	0.0137	0.81	0.0239	0.0126
C221	0.87	0.1267	0.0764	0.89	0.1056	0.0674	0.85	0.1118	0.0658	0.89	0.1098	0.0618	0.88	0.1147	0.0686	0.85	0.1103	0.0660
C231	0.97	0.0127	0.0026	0.99	0.0135	0.0024	0.94	0.0198	0.0039	1.00	0.0202	0.0042	0.99	0.0168	0.0033	0.95	0.0161	0.0032
C232	0.95	0.0115	0.0023	0.98	0.0124	0.0026	0.96	0.0164	0.0031	0.98	0.0156	0.0027	0.97	0.0140	0.0027	0.95	0.0137	0.0026
C311	0.70	0.0276	0.0103	0.85	0.0258	0.0113	0.85	0.0287	0.0102	0.85	0.0295	0.0143	0.80	0.0277	0.0114	0.85	0.0294	0.0121
C321	0.85	0.0376	0.0138	0.75	0.0324	0.0129	0.81	0.0298	0.0143	0.80	0.0287	0.0165	0.80	0.0320	0.0146	0.83	0.0332	0.0151
C322	0.85	0.0301	0.0062	0.70	0.0312	0.0059	0.80	0.0312	0.0057	0.82	0.0291	0.0060	0.79	0.0305	0.0060	0.80	0.0309	0.0061
C323	0.85	0.0175	0.0018	0.75	0.0168	0.0017	0.65	0.0198	0.0015	0.80	0.0176	0.0016	0.80	0.0191	0.0018	0.65	0.0155	0.0014
C324	0.90	0.0251	0.0025	0.75	0.0244	0.0022	0.50	0.0232	0.0028	0.75	0.0219	0.0030	0.80	0.0272	0.0030	0.55	0.0187	0.0021
C331	0.75	0.0201	0.0065	0.82	0.0191	0.0065	0.75	0.0216	0.0079	0.85	0.0209	0.0079	0.81	0.0209	0.0073	0.80	0.0207	0.0073
C332	0.89	0.0276	0.0132	0.81	0.0255	0.0126	0.80	0.0220	0.0149	0.83	0.0225	0.0149	0.84	0.0247	0.0143	0.81	0.0237	0.0137

续表

绩效指标	区域1			区域2			区域3			区域4			区域5			区域6		
	E_x	E_n	H_e	E_x	E_n	H_e	E_x	E_n	H_e	E_x	E_n	H_e	E_x	E_n	H_e	E_x	E_n	H_e
C333	0.82	0.0226	0.0065	0.83	0.0216	0.0055	0.80	0.0222	0.0061	0.80	0.0210	0.0059	0.82	0.0220	0.0060	0.80	0.0215	0.0059
C411	0.75	0.0201	0.0049	0.80	0.0211	0.0038	0.85	0.0222	0.0053	0.80	0.0214	0.0047	0.78	0.0208	0.0046	0.80	0.0212	0.0047
C412	0.75	0.0251	0.0053	0.70	0.0221	0.0048	0.70	0.0239	0.0051	0.75	0.0220	0.0053	0.70	0.0225	0.0050	0.70	0.0225	0.0050
C413	0.85	0.0226	0.0049	0.70	0.0216	0.0049	0.60	0.0166	0.0062	0.70	0.0200	0.0057	0.75	0.0213	0.0059	0.60	0.0171	0.0047
C421	0.85	0.0201	0.0068	0.70	0.0221	0.0059	0.70	0.0222	0.0057	0.75	0.0231	0.0058	0.80	0.0235	0.0066	0.70	0.0206	0.0057

由式（5-16）～式（5-19）云模型数字特征运算法则和指标权重计算得一级指标评价云数字特征，如表5-10所示。

一级指标评价云数字特征　　　　　　　　表5-10

研究区域	指标	云数字特征		
		E_x	E_n	H_e
区域1	经济绩效	0.9129	0.0985	0.0417
	社会绩效	0.9441	0.0371	0.0184
	管理绩效	0.8244	0.0259	0.0077
	机构能力建设绩效	0.7978	0.0221	0.0055
区域2	经济绩效	0.8953	0.0988	0.0386
	社会绩效	0.9456	0.0316	0.0166
	管理绩效	0.7866	0.0245	0.0074
	机构能力建设绩效	0.7239	0.0217	0.0048
区域3	经济绩效	0.8033	0.0927	0.0407
	社会绩效	0.9093	0.0349	0.017
	管理绩效	0.7495	0.0247	0.008
	机构能力建设绩效	0.7119	0.0213	0.0056
区域4	经济绩效	0.9181	0.0911	0.04
	社会绩效	0.9423	0.0344	0.0162
	管理绩效	0.8136	0.0238	0.0089
	机构能力建设绩效	0.7523	0.0216	0.0054
区域5	经济绩效	0.9103	0.0923	0.0397
	社会绩效	0.9402	0.0353	0.0177
	管理绩效	0.8059	0.0204	0.0081
	机构能力建设绩效	0.7623	0.0220	0.0055
区域6	经济绩效	0.8181	0.0833	0.0357
	社会绩效	0.9123	0.0339	0.0170
	管理绩效	0.7632	0.0242	0.0080
	机构能力建设绩效	0.7023	0.0203	0.0050

同样，计算得综合评价云数字特征，如表5-11所示。

综合评价云数字特征   表5-11

研究区域	E_x	E_n	H_e
区域1	0.8757	0.0491	0.0199
区域2	0.8465	0.0473	0.0183
区域3	0.7988	0.0467	0.0192
区域4	0.8643	0.0456	0.0191
区域5	0.8546	0.0425	0.0178
区域6	0.7990	0.0405	0.0164

2.利用云发生器计算确定度并进行等级判定

根据式（5-9）计算得研究区域一级指标对应标准云的隶属度，并根据最大隶属度原则进行等级判定。计算及判定结果如表5-12所示。

一级指标评价等级   表5-12

研究区域	指标	综合确定度					评价等级
		优	良	中	低	差	
区域1	经济绩效	0.6768	0.9317	0.8155	0.2548	0	良
	社会绩效	0.3224	0.6285	0.9931	0.4869	0	中
	管理绩效	0	0.058	0.8612	0.0023	0	中
	机构能力建设绩效	0	0.0005	0.9341	0.0072	0	中
区域2	经济绩效	0.5705	0.8581	0.9001	0.3389	0	中
	社会绩效	0.2271	0.5547	0.9827	0.345	0	中
	管理绩效	0	0	0.0002	0.8047	0	低
	机构能力建设绩效	0	0	0.0008	0.9793	0	低
区域3	经济绩效	0.1052	0.2858	0.8807	0.8478	0	中
	社会绩效	0.034	0.1288	0.6831	0.9619	0	低
	管理绩效	0	0	0.0484	0.8266	0	低
	机构能力建设绩效	0	0	0	0.5769	0	低
区域4	经济绩效	0.6678	0.9406	0.7561	0.1822	0	良
	社会绩效	0.2443	0.5493	0.9973	0.4623	0	中
	管理绩效	0	0.0097	0.9899	0.0039	0	中
	机构能力建设绩效	0	0	0.0352	0.6068	0	低
区域5	经济绩效	0.6384	0.9101	0.8239	0.2586	0	良
	社会绩效	0.2646	0.5775	0.9910	0.4314	0	中

研究区域	指标	综合确定度					评价等级
		优	良	中	低	差	
区域5	管理绩效	0	0.0226	0.6171	0.2703	0	中
	机构能力建设绩效	0	0.0002	0.3234	0.5311	0	低
区域6	经济绩效	0.0978	0.2906	0.8761	0.8572	0	中
	社会绩效	0.032	0.1293	0.6973	0.9603	0	低
	管理绩效	0	0.0009	0.0498	0.8194	0	低
	机构能力建设绩效	0	0	0	0.5268	0	低

根据表5-12中的数字特征，应用MATLAB软件绘制出经济绩效、社会绩效、管理绩效、组织机构建设绩效的标准云图和六个研究区域的评价云图，如图5-2～图5-5所示。其中各图左侧区域a为标准云图，各图区域b为区域1的云图，各图区域c为区域2的云图，各图区域d为区域3的云图，各图区域e为区域4的

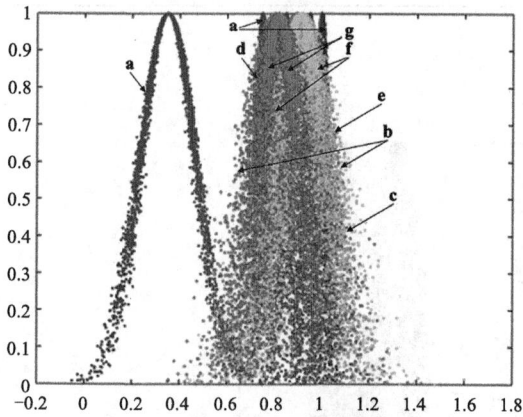

图5-2　经济绩效

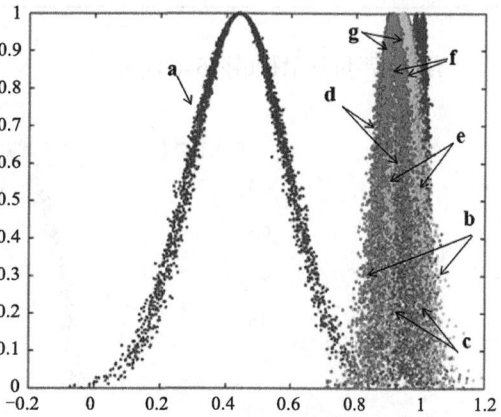

图5-3　社会绩效

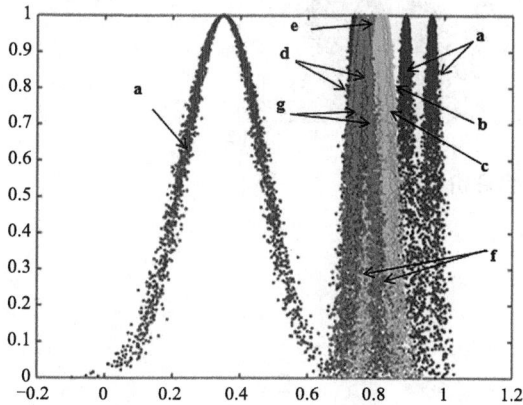

图5-4　管理绩效

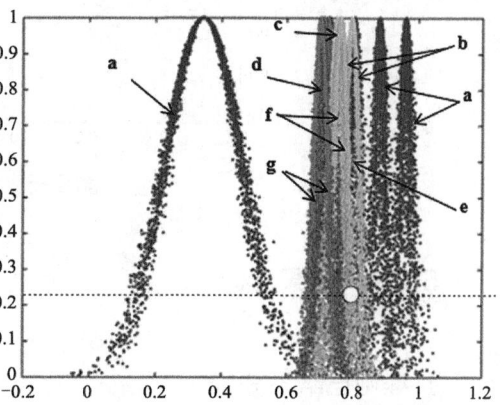

图5-5　机构能力建设绩效

云图，各图区域f为区域5，各图区域g为区域6的云图，横轴为期望，纵轴为隶属度。

由式（5-9）计算得样本区域综合评价云对应标准云的隶属度，并根据最大隶属度原则进行等级判定。计算及判定结果如表5-13所示。

水库移民后期扶持绩效评估结果　　　　表5-13

研究区域	综合确定度					评价等级
	优	良	中	低	差	
区域1	0.093	0.5617	0.9107	0.1526	0	中
区域2	0.0158	0.2231	0.9859	0.3777	0	中
区域3	0.0004	0.0212	0.4915	0.926	0	低
区域4	0.0343	0.3719	0.9770	0.1847	0	中
区域5	0.0477	0.3856	0.9579	0.2383	0	中
区域6	0.0005	0.0235	0.5012	0.9138	0	低

综合评价云图如图5-6所示。

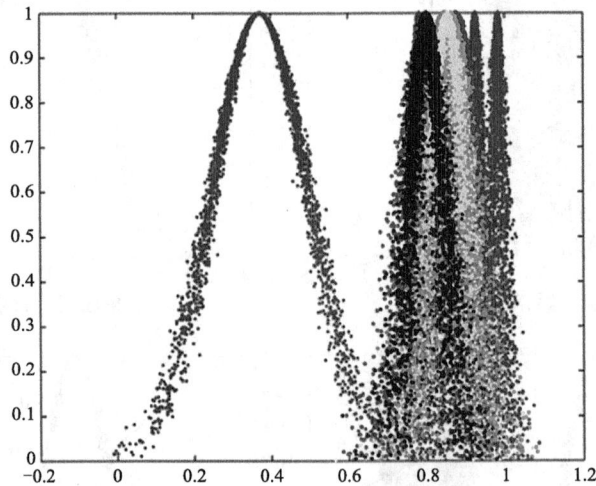

图5-6　综合评价云图

5.4.4　结果分析

1.准则层结果分析

结合表5-13和图5-2～图5-5可以看出，准则层各个区域绩效排名如下。

（1）经济绩效。其中，区域1、区域4和区域5的评价等级为"良"，区域2、区域6和区域3的评价等级为"中"。由高到低的排名为区域1>区域4>区域5>区域2>区域6>区域3，这表明前3个区域在经济保障措施落实较好，水库移民的收入和财产拥有两个方面均要优于后3个区域。

（2）社会绩效。其中，区域2、区域1、区域4和区域5的评价等级为"中"，区域6和区域3评价等级为"低"。由高到低的排名为区域2>区域1>区域4>区域5>区域6>区域3，这表明6个区域社会绩效整体水平不高，但是前4个区域在文化教育和社会保障方面的投入要高于后两个区域。

（3）管理绩效。其中，区域1、区域4和区域5的评价等级为"中"，区域2、区域6和区域3评价等级为"低"。由高到低的排名为区域1>区域4>区域5>区域2>区域6>区域3，与社会绩效相同，6个区域的管理绩效整体水平不高，但是前3个区域在人口动态管理、项目计划制定实施和管理、资金拨付及管理情况三个方面的落实情况要优于后3个区域。

（4）机构能力建设绩效。其中，区域1的评价等级为"中"，区域5、区域4、区域2、区域3和区域6评价等级均为"低"。由高到低的排名为区域1>区域5>区域4>区域2>区域3>区域6。可以看出，机构能力建设在四个准则中的绩效最差，仅有区域1对水库移民后期扶持的组织保障和政策保障能够做到基本落实。

从四个准则综合来看，6个区域的准则层绩效由高到低为经济绩效、社会绩效、管理绩效和机构能力建设绩效，这符合河南省水库移民后期扶持现状，水库移民后期扶持首先需解决移民生存问题，致力于提高水库移民的经济收入和社会保障水平；在后期扶持过程中，结合扶持效果逐步提升移民管理机构的管理水平和机构建设能力。现阶段，6个研究区域对于水库移民后期扶持仍以增加移民财产性收入为主要手段，尤其是区域1、区域4和区域5，积极解决了移民再就业问题，完成了库区以土地种植养殖为主到以工资性收入为主的过渡，提高了移民收入水平和支出能力。在解决移民经济问题的基础上，6个研究区域努力提高促使移民全面发展，尤其是区域1、区域2、区域4和区域5，在公共设施建设、文化教育以及社会保障等方面，对于移民的投入基本能够达到当地村民的投入水平。在管理绩效方面，6个研究区域对于库区移民人口动态管理、项目全过程及资金管理的投入有所不足，这是由于河南省处于脱贫攻坚的关键时期。对于移民而言，首先需要关注的是移民生存问题，再解决其他问题。就目前而言，仅有区域1、区域4和区域5能够达到中等水平，其他区域仍处于较低水平。在机构能力建设方面，政府是水库移民后期扶持管理的主要机构，6个研究区域均已成立移民管理机构，负责各自区域移民后期扶持政策落实，但仍然存在许多问题。例如，区域2中移民管理机构人员配备不足，区域3中人员职能分工不清晰，区域4中移民管理机构组织能力缺乏等，导致了机构能力建设绩效在6个研究区域中处于最低水平。

2. 目标层结果分析

结合表5-13和图5-7可以看出，区域1、区域2、区域4和区域5的综合评判等级为"中"；区域3和区域6的综合评判等级为"低"。6个区域的综合绩效排名为区域1>区域5>区域4>区域2>区域6>区域3，通过云模型计算，其结果与实地调研结果基本一致。本小节所选取的研究区域水库移民后期扶持综合绩效水平不高，这是由于河南省6个研究区域在水库移民后期扶持中保障扶持政策实施的机制还不够完善，扶持工作仍有较大的提升空间。

5.5 典型区域评估结果综合分析

根据绩效评估结果，得出本章研究的主要结论如下：

（1）水库移民后期扶持绩效水平主要反映在移民的经济收益水平、社会收益水平、移民管理机构自身水平以及管理能力等维度，而本书基于BSC和KPI法构建的指标体系既能够较好地从上述维度反映出水库移民后期扶持绩效水平，又能够避免重复指标对评价结果的影响。此外，借助云模型统一刻化了不确定性语言值和精确数值之间的随机性和模糊性，实现了定性语言值和定量数值之间的自然转换，使得研究结果在理论上更具逻辑性，同时与实地调研情况相符。

（2）准则层各个区域绩效排名不尽相同，其中经济绩效由高到低的排名为区域1>区域4>区域5>区域2>区域6>区域3；社会绩效由高到低的排名为区域2>区域1>区域4>区域5>区域6>区域3；管理绩效由高到低的排名为区域1>区域4>区域5>区域2>区域6>区域3；机构能力建设绩效由高到低的排名为区域1>区域5>区域4>区域2>区域3>区域6。这是由各个区域在水库移民后期扶持政策落实的侧重点不同所造成的。

（3）6个区域的准则层绩效由高到低均为经济绩效、社会绩效、管理绩效和机构能力建设绩效。

（4）从目标层的评估结果来看，6个区域的综合绩效排名为区域1>区域5>区域4>区域2>区域6>区域3。其中，区域1、区域2、区域4、区域5的综合评判等级为"中"；区域3和区域6的综合评判等级为"低"，这表明河南省6个区域水库移民后期扶持综合绩效水平不高，水库移民后期扶持工作仍存在较大的提升空间。

（5）针对当前水库移民后期扶持绩效水平不高的问题，需要通过一系列水库移民后期扶持绩效提升策略来加以改善。

5.6　本章小结

本章针对水库移民安置区后期扶持绩效评估问题，基于BSC和KPI法构建了包含4个一级指标（经济绩效、社会绩效、管理绩效和组织机构建设绩效）、10个二级指标、24个三级指标的水库移民后期扶持绩效综合评估体系；利用FAHP修正熵权法确定评价指标权重，并基于云理论构建水库移民安置区后期扶持绩效评估云模型，对河南省6个典型安置区后期扶持绩效进行评估。评估结果表明，6个区域的准则层绩效由高到低均为经济绩效、社会绩效、管理绩效和机构能力建设绩效，且各个区域绩效排名不尽相同。6个区域的目标层综合绩效排名为区域1>区域5>区域4>区域2>区域6>区域3。其中，区域1、区域2、区域4、区域5综合评判等级为"中"；区域3和区域6的综合评判等级为"低"。从理论上来讲，本书基于BSC和KPI法构建的指标体系能够较为完整地反映出水库移民后期扶持绩效水平。此外，借助云模型实现了定性语言值向定量数字特征值的转化，使得研究结果更具逻辑性。从实际上来讲，本书研究结果与实地调研结果基本一致，表明所构建的评价指标—权重确定—评估模型这一绩效评估体系是科学的，且河南省这6个区域水库移民后期扶持综合绩效水平不高，水库移民后期扶持工作仍存在较大的提升空间。

第6章 水库移民后期扶持绩效提升途径系统分析方法

由第5章水库移民后期扶持绩效综合评估结果可知，水库移民后期扶持绩效水平存在进一步提升的空间。宏观的国家政策能够在整体上改善水库移民生活现状，但由于各安置区资源禀赋以及社会经济发展现状不同，有必要研究并提出更有针对性的水库移民后期扶持绩效提升措施。鉴于此，按照第3章研究框架，本章将IPA和DEMATEL方法结合，研究水库移民后期扶持绩效提升的途径/措施分析方法。基于前文构建的水库移民后期扶持绩效综合评估指标体系，采用IPA法识别出不同指标需要改善的不同特征，利用DEMATEL方法确定指标之间的关系，确定水库移民后期扶持绩效水平的提升途径。

6.1 绩效评价指标改善特征分析

6.1.1 绩效评价指标改善特征识别的IPA方法

对于水库移民后期扶持绩效提升而言，IPA模型是将指标对于水库移民后期扶持重要性列为横坐标轴，绩效表现列为纵坐标轴，并分别以指标的重要性评价数据和绩效评价数据的总平均值作为原点，将空间分为四个象限，分别为继续保持区、集中关注区、过犹不及区和低优先度区，如图6-1所示。落在继续保持区的是重要性程度高、绩效水平也高的指标，也称之为Keep up with the good work，标记为〇（＋，＋）；落在集中关注区的是重要性程度高、绩效低的指标，也称之为Concentrate here，标记为●（＋，－）；落在过犹不及区的是重要性程度低、绩效水平高的指标，也叫Possible overkill，标记为▲（－，＋）；落在低优先度区的是重要性程度低，绩效也低的指标，也称之为Low priority，标记为△（－，－）。

以指标的中位值作为重要性——绩效水平高低划分的标准已成为一种惯例，

本小节对其进行一定程度的改进，具体如下：

假设构建的指标共有m项；第j项指标的重要性程度为ω_j；绩效水平值为S_j；$d\omega_j$和ds_j分别为指标j的重要性程度和绩效水平的初始值；$s\omega_j$和ss_j分别为指标j的重要性程度和绩效水平的标准值。

$$d\omega_j = \sum_i \frac{\omega_{ij}}{n} \tag{6-1}$$

$$s\omega_j = \frac{d\omega_j - \mathrm{ave}(d\omega_j)}{\mathrm{sd}(d\omega_j)} \tag{6-2}$$

$$ds_j = \sum_i \frac{s_{ij}}{n} \tag{6-3}$$

$$ss_j = \frac{ds_j - \mathrm{ave}(ds_j)}{\mathrm{sd}(ds_j)} \tag{6-4}$$

式（6-1）～式（6-4）中的$\mathrm{ave}(\cdot)$和$\mathrm{sd}(\cdot)$分别表示括号内变量的期望值与标准差值。重要性程度和绩效水平的高低将分别以$s\omega_j$和ss_j值是否大于0进行区分，$s\omega_j$和ss_j的绝对值越大，代表重要性程度和绩效水平越高。

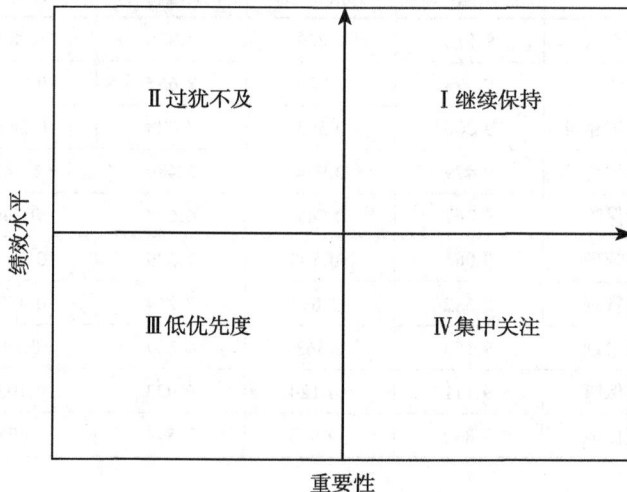

图6-1　IPA四象限模型图

本章以表5-1所示中的10项二级指标作为测量指标，通过第5章案例分析计算得到的水库移民后期扶持绩效评估指标综合权重结果（表5-5）和区域1～区域6水库移民后期扶持绩效评估指标样本值作为初始值。运用IPA方法计算，将其划分在四个象限中，进而对其进行分析，通过采取直接的改善措施提升项目整体的绩效水平。

6.1.2 典型区水库移民后期扶持绩效特征分析

根据第5章案例分析计算得到的水库移民后期扶持绩效评估指标数据，即通过FHAP和熵权法计算得到的指标综合权重结果和区域1～区域6水库移民后期扶持绩效评估指标值，按照6.1.1介绍的方法，分别对6个区域的水库移民后期扶持绩效影响因素进行IPA分析。为了使指标之间的差别更加明显，首先对数据进行统一处理后，使其落在0～10之间。

1.区域1水库移民后期扶持绩效影响因素的IPA分析

结合表5-6所示指标数据，采用式（6-1）～式（6-4）计算得到评价指标的重要性程度和绩效水平的相应数值，结果如表6-1所示。区域1水库移民后期扶持绩效评价指标的重要性—绩效水平分析结果如图6-2所示。

区域1水库移民后期扶持绩效评价二级指标重要性—绩效水平初始化值及标准化值　　　　　表6-1

一级指标	二级指标	重要性程度		绩效水平		IPA分类
		初始值$d\omega$	标准值ds	初始值$s\omega$	标准值ss	
经济绩效	收支	9.512	1.224	7.875	1.082	○ (+, +)
	财产	9.398	0.886	7.655	0.857	○ (+, +)
社会绩效	公共设施建设	9.206	0.553	7.028	0.246	○ (+, +)
	文化教育	9.479	0.974	6.489	-1.346	● (+, -)
	社会保障	9.367	0.749	6.622	-0.740	● (+, -)
管理绩效	人口管理	9.065	-0.508	7.349	0.504	▲ (-, +)
	项目管理	8.632	-1.093	7.244	0.478	▲ (-, +)
	资金管理	9.158	0.363	6.807	-0.148	● (+, -)
机构能力建设绩效	组织保障	9.111	-0.124	6.923	0.102	▲ (-, +)
	政策保障	8.832	-0.893	7.544	0.678	▲ (-, +)

由表6-1和图6-2所示可知，各项指标的重要性程度初始值都分布在9附近，然而其对应的绩效水平初始值都分布在6和7附近。由此可以看出，区域1绩效指标的绩效水平尚未达到与其相对应的重要性程度，各项指标都具有很大的提升改善空间。

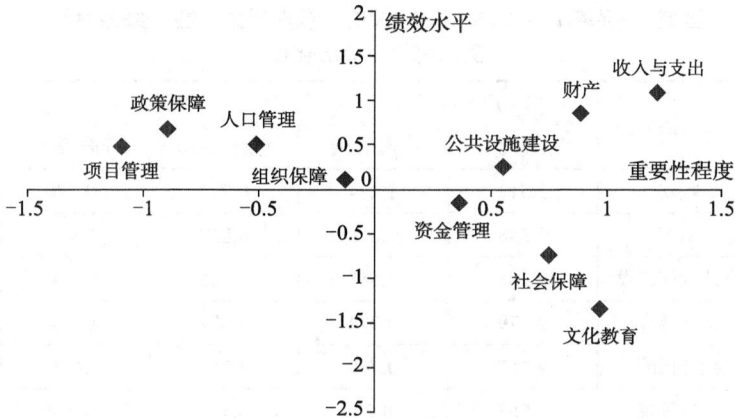

图6-2　区域1水库移民后期扶持绩效评价指标的重要性—绩效水平分析

具体来说，从一级指标来看，区域1在后期扶持过程中，在经济绩效方面，水库移民的收支和财产两项指标都属于继续保持类，显示出在水库移民后期扶持绩效提升中，收支和财产指标都是既相对重要，又具有较好的绩效水平；在社会绩效方面，公共设施建设属于继续保持类，而文化教育和社会保障属于集中关注类，显示出区域1在水库移民后期扶持过程中，文化教育和社会保障的绩效水平尚未达到所认同的重要性程度，需要集中的加以关注并改善。此外，公共设施建设的绩效水平高于文化教育和社会保障，显示出区域1在水库移民后期扶持过程中，更加注重能够在短时间内获得较好收益的项目，但没有考虑到移民的长期发展；在管理绩效方面，人口管理和项目管理属于过犹不及类，资金管理属于集中关注类，这表明对人口管理和项目管理的关注度不是很高，区域1当前的资金管理绩效尚未达到所认同的重要性程度，需要集中关注加以改善；在机构能力建设绩效方面，组织保障和政策保障属于过犹不及类，表明区域1在相关水库移民后期扶持政策出台后，过分关注政策的保障和实施，以至可能出现了稍显过度的现象。

2.区域2水库移民后期扶持绩效影响因素的IPA分析

表6-2所示给出了区域2各项指标重要性程度和绩效水平的初始值、标准值和指标的IPA分类。图6-3所示给出了区域2水库移民后期扶持绩效评价指标的重要性—绩效水平分析结果。由表6-2和图6-3可知，各项指标的重要性程度初始值都分布在9附近，然而其对应的绩效水平初始值都分布在6和7附近。由此可以看出，通过计算结果反映的区域2的后期扶持绩效指标的绩效水平尚未达到与其相对应的重要性程度，各项指标都具有很大的提升改善空间。

区域2水库移民后期扶持绩效评价二级指标重要性—绩效水平　　　表6-2
初始化值及标准化值

一级指标	二级指标	重要性程度		绩效水平		IPA分类
		初始值$d\omega$	标准值ds	初始值$s\omega$	标准值ss	
经济绩效	收支	9.512	1.224	6.742	−0.586	●(+, −)
	财产	9.398	0.886	6.827	−0.465	●(+, −)
社会绩效	公共设施建设	9.206	0.553	7.135	0.324	○(+, +)
	文化教育	9.479	0.974	6.677	−0.824	●(+, −)
	社会保障	9.367	0.749	7.358	0.625	○(+, +)
管理绩效	人口管理	9.065	−0.508	6.708	−0.624	△(−, −)
	项目管理	8.632	−1.093	6.542	−1.034	△(−, −)
	资金管理	9.158	0.363	6.428	−1.226	●(+, −)
机构能力建设绩效	组织保障	9.111	−0.124	6.484	−1.186	△(−, −)
	政策保障	8.832	−0.893	6.922	−0.243	△(−, −)

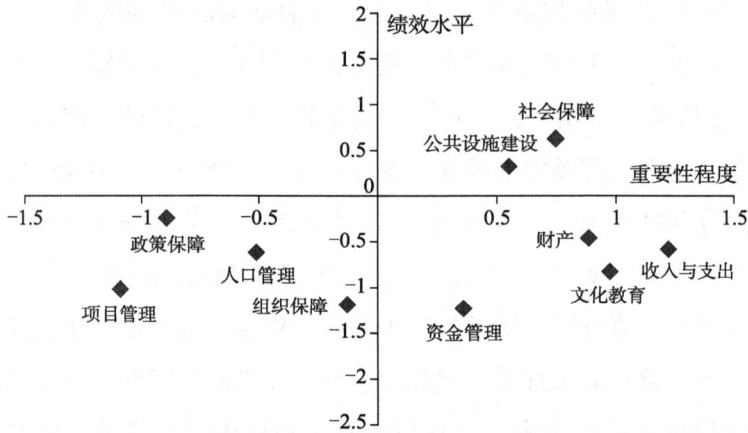

图6-3　区域2水库移民后期扶持绩效评价指标的重要性—绩效水平分析

区域2在水库移民后期扶持过程中，在经济绩效方面，水库移民的收支、财产属于集中关注类，说明区域2在水库移民后期扶持过程中，经济指标的绩效水平尚未达到所认同的重要性程度，需要集中地加以关注及改善；在社会绩效方面，公共设施建设和社会保障属于继续保持类，而文化教育属于集中关注类，表明区域2在公共设施建设和社会保障方面做出了巨大的努力，绩效水平较高，在文化教育方面，则需进一步加以关注和改善；在管理绩效方面，结果显示其人口管理、项目管理和资金管理的重要性程度较低，只有资金管理的重要性程度高，绩效水平都低，这既显示出区域2管理绩效较差，同时对于此方面的关注程度也较差；同样，在机构能力建设绩效方面，组织保障和政策保障的重要性程度低，绩效水平也低，属于低优先度类。

3.区域3水库移民后期扶持绩效影响因素的IPA分析

表6-3所示给出了区域3各项指标重要性程度和绩效水平的初始值、标准值和指标的IPA分类。图6-4所示给出了区域3水库移民后期扶持绩效评价指标的重要性—绩效水平分析结果。由表6-3和图6-4可知，各项指标的重要性程度初始值都分布在9附近，然而其对应的绩效水平初始值都分布6附近。由此可以看出，通过计算结果反映的区域3后期扶持绩效指标的绩效水平尚未达到与其相对应的重要性

区域3水库移民后期扶持绩效评价二级指标重要性—绩效水平初始化值及标准化值　　表6-3

一级指标	二级指标	重要性程度		绩效水平		IPA分类
		初始值$d\omega$	标准值ds	初始值$s\omega$	标准值ss	
经济绩效	收支	9.512	1.224	6.438	−1.264	● (+, −)
	财产	9.398	0.886	6.354	−1.473	● (+, −)
社会绩效	公共设施建设	9.206	0.553	6.335	−1.324	● (+, −)
	文化教育	9.479	0.974	6.024	−1.826	● (+, −)
	社会保障	9.367	0.749	6.248	−1.514	● (+, −)
管理绩效	人口管理	9.065	−0.508	6.542	−0.946	△ (−, −)
	项目管理	8.632	−1.093	6.324	−1.497	△ (−, −)
	资金管理	9.158	0.363	6.246	−1.542	● (+, −)
机构能力建设绩效	组织保障	9.111	−0.124	6.124	−1.645	△ (−, −)
	政策保障	8.832	−0.893	6.426	−1.284	△ (−, −)

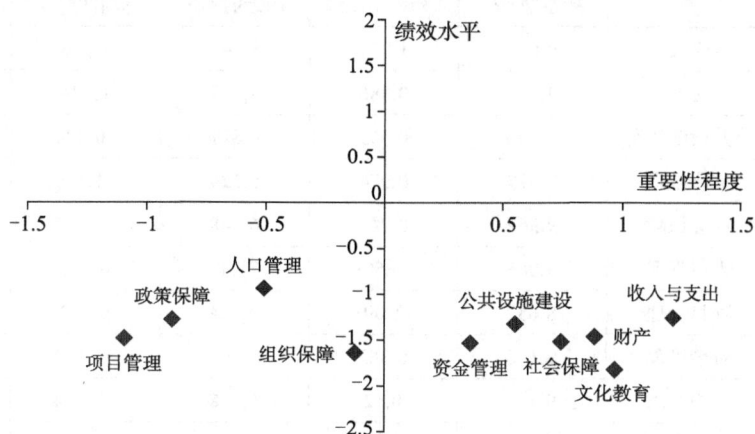

图6-4 区域3水库移民后期扶持绩效评价指标的重要性—绩效水平分析

程度，各项指标都具有很大的提升改善空间。

区域3在水库移民后期扶持过程中，在经济绩效方面，水库移民的收支、财产属于集中关注类；在社会绩效方面，公共设施建设、社会保障和文化教育属于集中关注类；在管理绩效方面，人口管理和项目管理属于低优先度类，资金管理属于集中关注类；在机构能力建设绩效方面，组织保障和政策保障属于低优先度类。总体来看，区域3经济绩效和社会绩效及管理绩效中的资金管理指标绩效水平都尚未达到其所对应的重要性程度，需要集中关注地加以改善。管理绩效中的人口管理和项目管理及机构能力建设绩效的指标重要性程度低、绩效水平也低，这既显示出区域3管理绩效和机构能力建设绩效较差，同时其对于管理和机构能力方面的关注程度也较差。

4.区域4水库移民后期扶持绩效影响因素的IPA分析

表6-4所示给出了区域4各项指标重要性程度和绩效水平的初始值、标准值和指标的IPA分类。图6-5所示给出了区域4水库移民后期扶持绩效评价指标的重要性—绩效水平分析结果。由表6-4和图6-5可知，各项指标的重要性程度初始值都分布在9附近，其对应的绩效水平初始值分布在6、7和8附近。由此可以看出，通过计算结果反映的区域4水库移民后期扶持绩效指标的绩效水平尚未达到与其相对应的重要性程度，个别指标具有很大的提升改善空间。

区域4水库移民后期扶持绩效评价二级指标重要性—绩效水平
初始化值及标准化值   表6-4

一级指标	二级指标	重要性程度		绩效水平		IPA分类
		初始值$d\omega$	标准值ds	初始值$s\omega$	标准值ss	
经济绩效	收支	9.512	1.224	8.246	1.436	○ (+, +)
	财产	9.398	0.886	8.027	1.284	○ (+, +)
社会绩效	公共设施建设	9.206	0.553	6.827	-0.874	● (+, -)
	文化教育	9.479	0.974	6.324	-1.306	● (+, -)
	社会保障	9.367	0.749	6.548	-1.046	● (+, -)
管理绩效	人口管理	9.065	-0.508	7.248	0.482	▲ (-, +)
	项目管理	8.632	-1.093	7.024	0.252	▲ (-, +)
	资金管理	9.158	0.363	6.667	-1.148	● (+, -)
机构能力建设绩效	组织保障	9.111	-0.124	6.648	-1.184	△ (-, -)
	政策保障	8.832	-0.893	7.244	0.476	▲ (-, +)

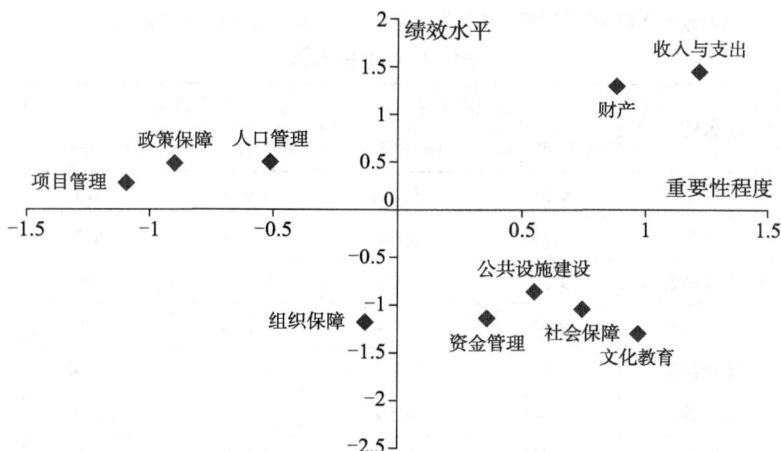

图6-5　区域4水库移民后期扶持绩效评价指标的重要性—绩效水平分析

区域4在水库移民后期扶持过程中，在经济绩效方面，水库移民的收支、财产属于继续保持类；在社会绩效方面，公共设施建设、社会保障和文化教育属于集中关注类；在管理绩效方面，人口管理和项目管理属于过犹不及类，资金管理属于集中关注类；在机构能力建设绩效方面，组织保障属于低优先度，政策保障属于过犹不及类。总体来说，区域4在水库移民后期扶持过程中，经济方面的绩效水平较高，社会绩效和管理绩效方面里的资金管理需要重点关注并加以改善。自古以来，"授人以鱼，不如授人以渔"被广泛推崇，单纯依靠提高水库移民的经济绩效以改善水库移民的生活质量是不长久的，文化、教育、社会保障等方面对移民的长期发展具有不可估量的作用。因此，为了提升水库移民后期扶持绩效，区域4应加强在公共设施建设、文化教育、社会保障和资金管理方面的改善。

5.区域5水库移民后期扶持绩效影响因素的IPA分析

表6-5所示给出了区域5各项指标重要性程度和绩效水平的初始值、标准值和指标的IPA分类。图6-6所示给出了区域5水库移民后期扶持绩效评价指标的重要性—绩效水平分析结果。由表6-5和图6-6可知，各项指标的重要性程度初始值都分布在9附近，其对应的绩效水平初始值分布在6和7附近。由此可以看出，通过计算结果反映的区域5水库移民后期扶持绩效指标的绩效水平尚未达到与其相对应的重要性程度，各项指标都具有很大的提升改善空间。

区域5在水库移民后期扶持过程中，在经济绩效方面，水库移民的收支、财产属于继续保持类；在社会绩效方面，公共设施建设、社会保障、文化教育属于集

区域5水库移民后期扶持绩效评价二级指标重要性—绩效水平 表6-5
初始化值及标准化值

一级指标	二级指标	重要性程度		绩效水平		IPA分类
		初始值$d\omega$	标准值ds	初始值$s\omega$	标准值ss	
经济绩效	收支	9.512	1.224	7.667	0.814	○ (+, +)
	财产	9.398	0.886	7.568	0.682	○ (+, +)
社会绩效	公共设施建设	9.206	0.553	6.532	-1.087	● (+, -)
	文化教育	9.479	0.974	6.234	-1.532	● (+, -)
	社会保障	9.367	0.749	6.436	-1.274	● (+, -)
管理绩效	人口管理	9.065	-0.508	7.036	0.268	▲ (-, +)
	项目管理	8.632	-1.093	6.887	-0.804	△ (-, -)
	资金管理	9.158	0.363	6.542	-1.037	● (+, -)
机构能力建设绩效	组织保障	9.111	-0.124	6.824	-0.726	△ (-, -)
	政策保障	8.832	-0.893	7.458	0.463	▲ (-, +)

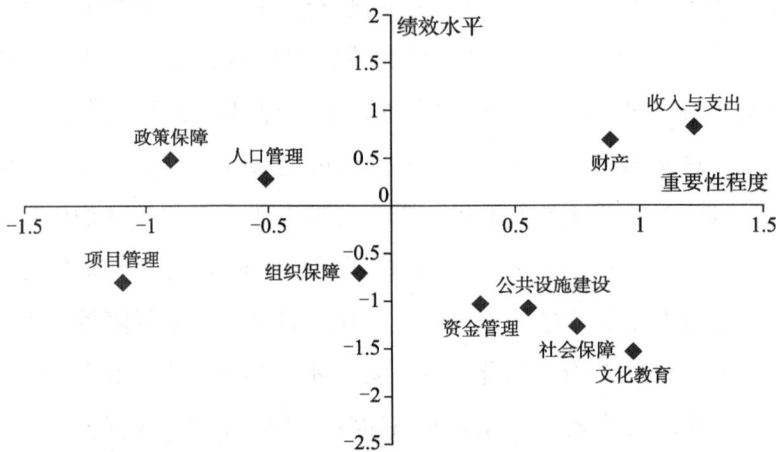

图6-6 区域5水库移民后期扶持绩效评价指标的重要性—绩效水平分析

中关注类；在管理绩效方面，人口管理属于过犹不及类，项目管理属于低优先度类，资金管理属于集中关注类；在机构能力建设绩效方面，政策保障属于过犹不及类，组织保障属于低优先度。总体来看，区域5与区域4情况类似，应重点加强在公共设施建设、文化教育、社会保障和资金管理方面的改善。

6.区域6水库移民后期扶持绩效影响因素的IPA分析

表6-6所示给出了区域6各项指标重要性程度和绩效水平的初始值、标准值和指标的IPA分类。图6-7所示给出了区域6水库移民后期扶持绩效评价指标的重要

性—绩效水平分析结果。由表6-6和图6-7可知，各项指标的重要性程度初始值都分布在9附近，其对应的绩效水平初始值分布在6附近。由此可以看出，通过计算结果反映的区域6水库移民后期扶持绩效指标的绩效水平尚未达到与其相对应的重要性程度，各项指标都具有很大的提升改善空间。

区域6水库移民后期扶持绩效评价二级指标重要性—绩效水平 表6-6
初始化值及标准化值

一级指标	二级指标	重要性程度		绩效水平		IPA分类
		初始值$d\omega$	标准值ds	初始值$s\omega$	标准值ss	
经济绩效	收支	9.512	1.224	6.542	-0.946	● (+, -)
	财产	9.398	0.886	6.667	-0.648	● (+, -)
社会绩效	公共设施建设	9.206	0.553	6.438	-1.256	● (+, -)
	文化教育	9.479	0.974	6.148	-1.659	● (+, -)
	社会保障	9.367	0.749	6.325	-1.302	● (+, -)
管理绩效	人口管理	9.065	-0.508	6.624	-0.684	△ (-, -)
	项目管理	8.632	-1.093	6.426	-1.268	△ (-, -)
	资金管理	9.158	0.363	6.348	-1.389	● (+, -)
机构能力建设绩效	组织保障	9.111	-0.124	6.324	-1.428	△ (-, -)
	政策保障	8.832	-0.893	6.815	-0.846	△ (-, -)

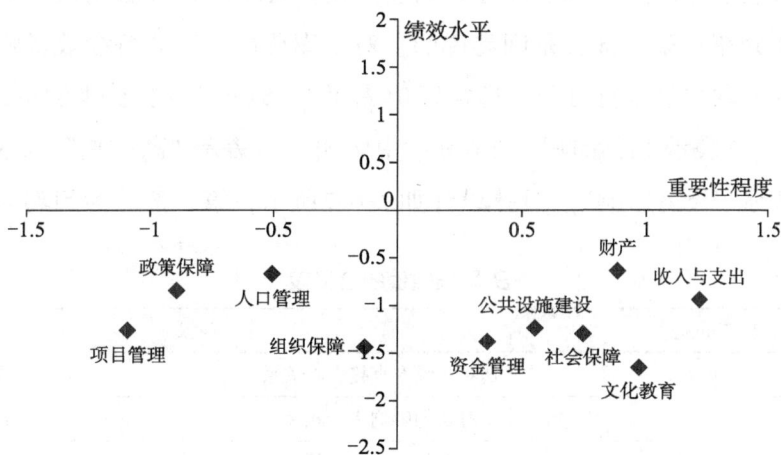

图6-7　区域6水库移民后期扶持绩效评价指标的重要性—绩效水平分析

区域6水库移民后期扶持过程中，在经济绩效方面，水库移民的收支、财产属于集中关注类；在社会绩效方面，公共设施建设、社会保障、文化教育属于集中关注类；在管理绩效方面，人口管理和项目管理属于低优先度类，资金管理属于集中关注类；在机构能力建设绩效方面，组织保障和政策保障属于低优先度类。总体来说，区域6的情况与区域3的情况相似，在经济绩效、社会绩效及管理绩效里的资金管理绩效水平都尚未达到其所对应的重要性程度，需要集中关注地加以改善。管理绩效中的人口管理和项目管理及机构能力建设绩效的指标重要性程度低、绩效水平也低，这既显示出区域6管理绩效和机构能力建设绩效较差，同时其对于管理和机构能力方面的关注程度也较差。

总而言之，6个区域的水库移民后期扶持绩效指标的绩效水平尚未达到与其相对应的重要性程度，各项指标都具有很大的提升改善空间。

6.2 绩效指标相互影响关系分析的DEMATEL方法

6.2.1 数据获取

将10项二级指标作为测量指标，设计出相应的DEMATEL测量量表进行问卷调查。目的是收集决策者们对于水库移民后期扶持绩效影响因素间的关联关系数据，确定核心影响因素，为后期的分析提供支持，进而提出水库移民后期扶持绩效提升途径和措施。

问卷共包括三部分：第一部分为问卷描述，对水库移民后期扶持绩效评估指标进行整体介绍；第二部分是问卷说明，对水库移民后期扶持绩效影响因素中两两因素间的关联关系进行打分，通常以0（最低）～5（最高）打分来测量，如0表示"没有影响"、1表示"低影响"、2表示"中影响"、3表示"高影响"、4表示"较高影响"、5表示"极高影响"。具体设计如表6-7所示；第三部分为问卷内容，为了

B_{ij}取值数值的含义表　　　　　　　　　　　　　　表6-7

B_{ij}的取值	含义
0	B_i对B_j没有直接影响关系
1	B_i对B_j的影响为低相关
2	B_i对B_j的影响为中等相关
3	B_i对B_j的影响为高相关
4	B_i对B_j的影响为较高相关
5	B_i对B_j的影响为极高相关

注：其中B表示影响元指标，B_{ij}为表格中的数值，表示B_i对B_j的直接影响程度，一般情况下$B_{ij} \neq B_{ji}$，打分所形成的直接影响矩阵不是一个对称矩阵。

避免专家对指标产生误解，需对每个指标进行清晰的解释，便于专家打分。

统计分析中的样本是回收的被调查对象反馈回来的问卷，对于统计结果来说，样本的质量非常重要。因此，在分发问卷时，水库移民后期扶持绩效的 DEMATEL 分析的调查问卷主要针对政府人员（D_1）、学术专家（D_2）、移民管理机构人员（D_3）和移民村干部（D_4）进行发放。根据他们丰富的工作经验以及亲身体验进行评分。本次问卷调查共发放问卷 90 份，回收有效问卷 68 份，回收有效率为 75.6%。问卷统计性描述如表 6-8 所示。

调查问卷的样本信息　　　　　　　　　表6-8

发放对象	单位性质	工作年限
D_1	政府人员	6～8
D_2	学术专家	8～12
D_3	移民管理机构人员	4～6
D_4	移民村干部	3～5

6.2.2　DEMATEL 分析方法

DEMATEL 分析方法主要是以问卷的形式，对指标之间的相互影响程度加以量化。通常情况下，指标之间的相互影响是不对称的，也就是说指标 1 对指标 2 的影响程度可能不同于指标 2 对指标 1 的影响程度。该方法充分利用了被调查者的知识、经验来对各指标间关系复杂、不清晰的问题进行分析，增强了处理问题的准确性和有效性。总而言之，DEMATEL 分析方法就是通过测量指标之间直接或间接的影响关系，从而确定某一指标是 cause（影响）类指标或是 affected（被影响）类指标。

设某一指标体系中指标数量为 m，通过问卷调查回收有效问卷数为 n，第 i 份问卷认为第 j 项指标对第 k 项指标的影响程度值为 x_{jk}^i。DEMATEL 方法计算的主要步骤如下。

（1）通过如下方式可以得出直接影响矩阵 $\bm{D}$：

$$A = \left(a_{jk} \right)_{m \times m}, a_{jk} = \sum_i \frac{x_{jk}^i}{n} \tag{6-5}$$

$$\bm{D} = \left(d_{jk} \right)_{m \times m}, d_{jk} = \frac{a_{jk}}{s} \tag{6-6}$$

$$s = \max\left(\sum_j a_{jk}, k = 1, \cdots, m; \sum_k a_{jk}, j = 1, \cdots, m \right) \qquad (6\text{-}7)$$

（2）D^2 表示指标之间透过一个中间指标的间接影响，D^3 表示透过两个中间指标的间接影响，那么，指标之间的间接影响矩阵 ID 可以表示为：

$$ID = D^2 + D^3 + \cdots + D^x \qquad (6\text{-}8)$$

（3）根据矩阵的相关知识，可以知道 $D^\infty \to 0$，因此，式（6-8）是收敛的，收敛于：

$$ID = D^2 \times (I - D)^{-1} \qquad (6\text{-}9)$$

（4）由此，指标之间总的影响矩阵 T 可以表示为：

$$T = D + ID = D \times (I - D)^{-1} \qquad (6\text{-}10)$$

（5）假设 $T = (t_{jk})_{m \times m}$，由其含义可知，$d_i = \sum_k t_{ik}$ 和 $r_i = \sum_j t_{ji}$ 分别指的是指标 i 和其他所有指标的影响和被影响关系的测度。那么可以看出，$d_i + r_i$ 所测量的是指标 i 和其他所有指标的影响和被影响程度，从某种程度上也反映了指标的重要性；$d_i - r_i$ 衡量的是该指标总体的影响程度与被影响程度之差，当 $d_i - r_i > 0$ 时，该指标属于影响类指标，总体上影响着其他变量，并且其值越大，对其他指标的影响的程度也就越大；当 $d_i - r_i < 0$ 时，该指标属于被影响类，总体上被其他指标所影响，并且其值越大，被影响的程度也就越大。由此可构建指标之间的影响关系图。

本书运用DEMATEL方法，以第5章构建的指标体系中10项二级指标作为测量指标，通过问卷调查得到指标间相互影响关系图，进而通过一个指标的调整来改善与之相互影响的指标状况，从而间接地得出水库移民后期扶持绩效提升的途径。

6.2.3　水库移民后期扶持绩效影响因素分析

根据式（6-5）～式（6-10）可以计算出二级指标间的总影响矩阵 T，如表6-9所示。在此基础上构建一级指标的总影响矩阵 M，如表6-10所示。本书以 m_{ij} 来表示两个一级指标之间的总影响，那么它的值为两个一级指标下所有二级指标影响值的平均数。如表6-9中虚线所框出部分，其平均值即为 m_{23}。

基于DEMATEL方法的水库移民后期扶持绩效评价二级指标的总影响矩阵　表6-9

T	B11	B12	B21	B22	B23	B31	B32	B33	B41	B42
B11	0.675	0.729	0.739	0.699	0.741	0.718	0.734	0.698	0.720	0.676
B12	0.743	0.658	0.7491	0.724	0.741	0.717	0.752	0.689	0.714	0.675

续表

T	B11	B12	B21	B22	B23	B31	B32	B33	B41	B42
B21	0.745	0.737	0.673	0.731	0.757	0.720	0.787	0.676	0.724	0.673
B22	0.761	0.749	0.758	0.693	0.734	0.743	0.763	0.723	0.729	0.729
B23	0.780	0.772	0.781	0.781	0.687	0.740	0.801	0.730	0.741	0.738
B31	0.861	0.838	0.846	0.852	0.827	0.751	0.827	0.803	0.789	0.810
B32	0.800	0.767	0.791	0.768	0.762	0.757	0.709	0.731	0.737	0.717
B33	0.865	0.867	0.868	0.859	0.872	0.838	0.881	0.752	0.834	0.822
B41	0.871	0.847	0.857	0.847	0.860	0.827	0.858	0.809	0.748	0.824
B42	0.853	0.852	0.858	0.836	0.862	0.827	0.871	0.808	0.828	0.699

基于DEMATEL方法的水库移民后期扶持绩效评价　　　　　　表6-10
一级指标的总影响矩阵

M	A1	A2	A3	A4
A1	0.701	0.732	0.718	0.696
A2	0.759	0.736	0.742	0.723
A3	0.835	0.827	0.784	0.784
A4	0.856	0.853	0.833	0.775

根据矩阵 T、M 以及值 d 和 r 的计算，可以得出各项指标值的 $d+r$、$d-r$ 值，以 $d-r=0$ 为界将其分为影响和被影响两类，结果如表6-11所示。结合表6-11计算结果，以 $d+r$ 为横坐标，以 $d-r$ 为纵坐标，构建绩效评价一级指标影响关系图，如图6-8所示。

基于DEMATEL方法的水库移民后期扶持绩效评价　　　　　　表6-11
一级与二级指标分析结果

指标	序号	代码	名称	d	r	$d+r$	$d-r$	影响	被影响
一级指标	1	A2	社会绩效	3.798	3.186	6.984	0.612	√	
	2	A1	经济绩效	3.989	3.732	7.721	0.257	√	
	3	A3	管理绩效	3.812	3.878	7.690	-0.066		√
	4	A4	机构能力建设绩效	3.527	3.925	7.452	-0.398		√
二级指标	1	B22	文化教育	10.586	7.412	18.098	3.274	√	
	2	B23	社会保障	11.401	9.089	20.490	2.312	√	
	3	B11	收支	11.324	10.471	21.795	0.853	√	

续表

指标	序号	代码	名称	d	r	$d+r$	$d-r$	影响	被影响
二级指标	4	B12	财产	11.182	10.519	21.701	0.663	√	
	5	B21	公共设施建设	10.427	9.905	20.332	0.522	√	
	6	B32	项目管理	11.019	10.783	21.802	0.236	√	
	7	B31	人口管理	10.121	11.132	21.253	-1.011		√
	8	B33	资金管理	10.114	11.228	21.342	-1.114		√
	9	B42	政策保障	10.001	11.128	20.995	-1.061		√
	10	B41	组织保障	9.578	11.162	20.740	-1.584		√

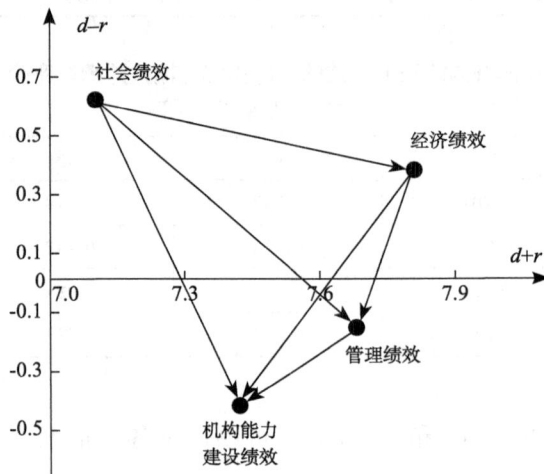

图6-8　绩效评价一级指标影响关系

在一级指标维度上，社会绩效和经济绩效是影响类，属于影响其他指标的类别；而管理绩效和机构能力建设绩效是被影响类，属于被其他指标所影响的类别。需要注意的是，图6-8所示中的箭头并不意味着影响方向，例如管理绩效有箭头指向机构能力建设绩效，其意义并非指管理绩效影响机构能力建设绩效，而是从总体上来说，管理绩效和机构能力建设绩效都是属于被其他指标所影响的（$d-r<0$），但是管理绩效较机构能力建设绩效而言，被其他指标所影响的程度更轻。因而从总体上而言，管理绩效可以看作对机构能力建设绩效具有影响，但并非指向某个特定的指标。因此，从图6-8所示中可以看出，社会绩效和经济绩效对其他指标的总影响大于其他指标对它们的总影响，因而它们属于影响类；对于管理绩效和机构能力建设绩效而言，它们对其他指标的影响小于其他指标对自己的影响，因而它们属于被影响类。

同时，从图6-8中可以看出，管理绩效和机构能力建设绩效两项指标距离很近，说明在整个系统中，想要对管理绩效和机构能力建设绩效进行区分会不容易。管理绩效影响机构能力建设绩效，而机构能力建设绩效影响到下一阶段的管理绩效，因而是相互影响、共同促进的；另外，经济绩效指向管理绩效和机构能力建设绩效，管理和机构能力建设促进经济发展，反过来，经济发展的成果进一步为管理和机构能力建设奠定基础。因此，管理绩效、机构能力建设与经济绩效两者是相互影响、共同促进的。

结合表6-11所示的计算结果，以$d+r$为横坐标，以$d-r$为纵坐标，构建绩效评价二级指标影响关系图，如图6-9所示。可以看出，机构能力建设绩效下的全部二级指标，以及管理绩效下的资金管理、人口管理指标属于被影响类，被其他指标所影响；经济绩效下的全部二级指标，社会绩效下的全部二级指标以及管理绩效下的项目管理指标属于影响类，影响着其他指标。从整体上来看，二级指标的影响关系与其所隶属的一级指标高度相似，经济绩效和社会绩效与其各自包含的二级指标的影响关系方向是一致的，只是管理绩效和机构能力建设绩效所属二级指标有所差异。在图6-9所示中横坐标为21处加入一条垂直线，将其大致分为四个象限，其中：经济绩效的二级指标在第1象限，社会绩效的二级指标在第2象限，机构能力建设绩效的二级指标在第3象限，管理绩效的二级指标大致在第4象限。这再次说明了一级指标中管理绩效和机构能力建设绩效的相互影响关系、经济绩效与管理建设绩效的相互影响关系。具体而言，经济绩效、管理绩效和机构能力建设绩效都聚

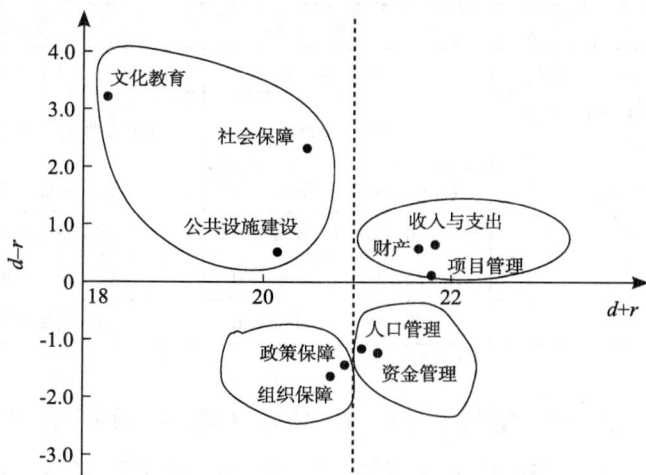

图6-9　绩效评价二级指标影响关系

集在较小的范围内；管理绩效中项目管理成为影响类，区分于距离很近的人口管理和资金管理；社会绩效中文化教育和社会保障两者远离其他指标，成为净影响最大的两个二级指标。

6.3 水库移民后期扶持绩效提升途径与措施分析

针对前文对水库移民后期扶持绩效评价指标体系的 IPA 分析，得出绩效评价的 10 项指标在当前的重要性程度和绩效水平状况，并将其按照重要性程度标准值和绩效水平标准值划分为继续保持、过犹不及、低优先度和集中关注四类，识别出需要改进的指标。此外，通过 DEMATEL 的分析，将指标划分为影响和被影响两类，从而明确了各项指标需要改进的方向。将识别出的指标和改进的方向结合，即可得出提升绩效的途径和措施。根据 6.2 节中区域 1～区域 6 的 IPA 分析结果以及 6.3 节中 DEMATEL 分析结果，并结合 6 个区域的实际情况，分别有针对性地提出各区域水库移民后期扶持绩效评价指标改进及绩效提升的措施。

1. 区域 1 水库移民后期扶持绩效的提升途径与措施

根据 6.2 节中针对区域 1 的 IPA 分析结果以及 6.3 节中对于绩效影响因素间的 DEMATEL 分析结果，并结合区域 1 的实际情况，针对性地提出区域 1 后期扶持绩效评价指标改进及绩效提升措施，如表 6-12 所示。

区域 1 后期扶持绩效评价指标改进及绩效提升措施　　　　表 6-12

指标	特征	改进方式
收支、财产、公共设施建设	$ds>0, ss>0$	(a) 继续保持
人口管理、项目管理、组织保障、政策保障	$ds<0, ss>0$	(b) 继续保持，可将部分资源用于他处
文化教育、社会保障	$ds>0, ss<0, d-r>0$	(c) 高优先度地直接改善
资金管理	$ds>0, ss<0, d-r<0$	(d) 高优先度地间接改善
/	$ds<0, ss<0, d-r>0$	(e) 低优先度地直接改善
/	$ds<0, ss<0, d-r<0$	(f) 低优先度地间接改善

（1）改善方式（a），继续保持。根据对区域 1 绩效影响因素的 IPA 分析和 DEMATEL 分析，通过表 6-12 所示可知，采用方式 a 的指标需要满足 $ds>0, ss>0$，即绩效指标的重要性程度和绩效水平都较好。因此，绩效提升思路是在改善原有

的基础上，继续保持优势。需使用该方式的指标包括收支、财产和公共设施建设。其中，收支、财产两个指标都属于经济绩效，说明区域1在水库移民后期扶持过程中，经济绩效水平良好，应进一步保持其实行特色产业开发，对移民的科学文化和实用技术的培训，提高移民素质，增强移民就业能力等战略。公共设施建设指标属于社会绩效，其分析结果证明区域1的绩效水平较高，说明区域1的环境治理投入、农业机械化率、互联网覆盖率较好，需要继续保持对基础设施项目的资金投入，提高项目资金转化效率。

（2）改善方式（b），继续保持，可将部分资源用于他处。根据对区域1绩效影响因素的IPA分析和DEMATEL分析，采用方式（b）的指标需要满足条件$ds<0$，$ss>0$。采用该方式的指标包括人口管理、项目管理、组织保障和政策保障，其表征的含义是满足该条件的绩效指标相对重要性程度低，且绩效水平高。因此，对以上四个绩效指标可采取在继续保持的基础上，将部分资源用于改善其他指标，以期提升水库移民后期扶持总体的绩效水平。区域1在水库移民后期扶持政策实施过程中，建立了较为完善的水库移民所在地的乡（镇）人民政府（街道办事处）和村（居）民委员会分级负责落实制度以及项目全过程管理制度，且配备了经验丰富的移民管理人员并实施专人负责制，有效地保证了该区域水库移民后期扶持绩效水平。然而就绩效水平整体提升而言，该部分投入存在"溢出"效应，可适当减少该部分投入，用于重要程度较高且急需提升的指标。

（3）改善方式（c），高优先度地直接改善。如果指标满足$ds>0$，$ss<0$，以及$d-r>0$，表示这些指标具有较高的重要性，较低的绩效水平，同时对其他指标有一定的影响。鉴于以上特点，需要对其进行高优先度的改进。需要使用该方式的指标包括文化教育和社会保障。文化教育和社会保障投资是一个长期的、连续的工程，没有劳动技能、文化水平低、科技意识淡薄、医疗、养老得不到保障，移民是不可能融入现代化的社会发展进程中去的，因此区域1应加强重视文化教育，加大对区域1内移民文化教育投入；完善养老保险制度，降低参保"门槛"，针对移民实行多元化的参保模式。

（4）改善方式（d），高优先度地间接改善。当指标满足$ds>0$，$ss<0$，以及$d-r<0$，表示这些指标具有较高的重要性，较低的绩效水平，而且被其他指标所影响。因此需要对其进行高优先度的间接改进。结合表6-12所示和DEMATEL分析结果，符合改善方式（d）的指标为资金管理。尽管区域1的项目资金投入力度较

大，但限于项目实施经验和人员专业化程度的不足，导致了资金管理水平不高。而对资金管理指标造成影响的有经济绩效和社会绩效指标，也就是说区域1水库移民后期扶持资金管理水平除了可以直接提高以外，还会随着经济绩效和社会绩效的提高而间接提高，并且间接改进的优先度更高。因此，区域1除了在资金管理指标自身方面建立健全资金使用管理制度，强化资金管理，保证专款专用外，还应通过提高其经济绩效和社会绩效水平来提高其资金管理水平。

2.区域2水库移民后期扶持绩效的提升途径与措施

根据6.2节中针对区域2的IPA分析结果以及6.3节中对于绩效影响因素间的DEMATEL分析结果，并结合区域2的实际情况，针对性地提出水库移民后期扶持绩效评价指标改进及绩效提升措施，如表6-13所示。

区域2水库移民后期扶持绩效评价指标改进及绩效提升措施   表6-13

指标	特征	改进方式
社会保障、公共设施建设	$ds>0,\ ss>0$	(a)继续保持
/	$ds<0,\ ss>0$	(b)继续保持，可将部分资源用于他处
收支、财产、文化教育	$ds>0,\ ss<0,\ d-r>0$	(c)高优先度地直接改善
资金管理	$ds>0,\ ss<0,\ d-r<0$	(d)高优先度地间接改善
项目管理	$ds<0,\ ss<0,\ d-r>0$	(e)低优先度地直接改善
人口管理、组织保障、政策保障	$ds<0,\ ss<0,\ d-r<0$	(f)低优先度地间接改善

（1）改善方式（a），继续保持。根据分析结果和判别条件，需采取该方式的指标包括社会保障、公共设施建设。两者都属于社会绩效，说明区域2水库移民后期扶持过程中，社会绩效水平良好，应继续保持新农村养老保险参加率，加大基础设施建设项目资金投入，提高环境治理力度、农业机械化率和互联网覆盖率。

（2）改善方式（c），高优先度地直接改善。根据分析结果和判别条件，需要直接改进的指标包括收支、财产、文化教育。其中收支和财产指标属于经济绩效范畴，这表明移民最关注的民生问题在区域2未得到妥善解决。这是由于区域2移民仍以农业种植作为主要收入来源，应着力发展特色产业，开展移民生产技能培训，扩大移民就业机会，增加移民收入来源。文化教育问题与区域1类似，需大力加强库区移民教育投入，保证库区移民有学可上。

（3）改善方式（d），高优先度地间接改善。结合表6-13所示和DEMATEL分析结果，符合改善方式（d）的指标为资金管理。与区域1类似，区域2也存在项目资金投入力度大，但资金管理水平不高的问题。资金管理同样是制约区域2水库移民后期扶持绩效提升的关键，且需要高优先度的间接改进，具体提升途径可参照区域1情况，在此不再赘述。

（4）改进方式（e），低优先度地直接改善。如果指标满足$ds<0$，$ss<0$，$d-r>0$，在改进时选择低优先度地直接改进。这种情况和改进方式（c）的情形相似却又有不同，不同之处在于其涉及的指标重要性程度低。根据对区域2的调查结果显示，项目管理指标需要采用改进方式（e），这与河南省水库移民后期扶持"先生存、后发展，先基础、后开发"的基本原则相一致。区域2在移民后期扶持项目管理方面存在一些问题，例如投资程序不规范，项目设计深度不够，经济评价不全面，项目监管不到位等问题。因此，需要严格遵守《河南省完善大中型水库移民后期扶持政策实施方案》（豫政〔2006〕57号），做好项目前期规划，根据项目规模实行项目法人责任制、招标投标制、建设监理制和合同管理制，并建立完善的项目监测评估机制。考虑到项目管理属于低优先度的直接改进方式，当在有限资源的情况下，改善收支、财产和文化教育绩效指标和改善项目管理绩效指标相冲突时，区域2应考虑到指标重要性程度优先选择高优先度直接改进的指标，即以改善收支、财产和文化教育绩效指标为主，以改善项目管理绩效指标为辅。

（5）改进方式（f），低优先度地间接改善。如果指标满足$ds<0$，$ss<0$，$d-r<0$，在改进时选择低优先度地间接改进。这种情况与改进方式（d）类似但同时存在差异，主要在于其涉及的指标具有较低的重要性，因此在改进时选择低优先度地间接改进。根据对区域2的调查结果显示，组织保障、政策保障绩效和人口管理指标需要采用这种方式，这两个指标都属于机构能力建设绩效，此类指标受管理绩效影响。区域2在移民管理机构建设过程中，由于组织机构不健全导致了组织保障不到位，进而导致政策制定的滞后性和政策落实情况较差。较好的绩效提升途径为通过改善管理绩效间接改进组织保障和政策保障绩效指标。例如：通过资金管理和人口管理来增强移民管理机构人员专业化程度，进而提高区域2的机构能力建设绩效，同时也可通过经济绩效和社会绩效的提升来带动机构能力建设绩效。人口管理指标受经济绩效和社会绩效的影响，可进一步通过经济绩效和社会绩效的提升来提高人口管理水平。考虑到该类指标属于低优先度的提升，为了使资源利用最大化，改善机构能力建设绩效与其他指标相冲突时，优先考虑重要程度较高的指标进行改进。

3.区域3水库移民后期扶持绩效的提升途径与措施

根据6.2节中针对区域3的IPA分析结果以及6.3节中对于绩效影响因素间的DEMATEL分析结果，并结合区域3的实际情况，针对性地提出水库移民后期扶持绩效评价指标改进及绩效提升措施，如表6-14所示。

区域3水库移民后期扶持绩效评价指标改进及绩效提升措施　　　表6-14

指标	特征	改进方式
/	$ds>0,\ ss>0$	（a）继续保持
/	$ds<0,\ ss>0$	（b）继续保持，可将部分资源用于他处
收支、财产、公共设施建设、文化教育、社会保障	$ds>0,\ ss<0,\ d-r>0$	（c）高优先度地直接改善
资金管理	$ds>0,\ ss<0,\ d-r<0$	（d）高优先度地间接改善
项目管理	$ds<0,\ ss<0,\ d-r>0$	（e）低优先度地直接改善
人口管理、组织保障、政策保障	$ds<0,\ ss<0,\ d-r<0$	（f）低优先度地间接改善

（1）改善方式（a）和（b），继续保持，可将部分资源用于他处。根据对区域3绩效影响因素的IPA分析和DEMATEL分析，通过表6-14可知，没有指标需要采用方式（a）和（b），即区域3没有需要继续保持的指标。这从侧面也反映了区域3水库移民后期扶持过程中的绩效水平不高，与区域3水库移民后期扶持绩效在6个区域里排名倒数第一情况一致，这是由于区域3本身属于贫困地区，移民观念陈旧，除了农业种植之外缺乏有效的生存技能，进而导致了经济绩效、社会绩效、管理绩效以及机构能力建设绩效水平普遍较低。因此，区域3所有指标都需进一步地加以改善。

（2）改善方式（c），高优先度地直接改善。根据分析结果和判别条件，在区域3需要使用这种方式的指标包括收支、财产、公共设施建设、文化教育和社会保障。需要高优先度地直接改进的指标涵盖经济和社会两个方面。这是由于社会经济的发展是一切社会活动发展的动力与根源，在水库移民后期扶持中也是如此。移民生活问题能够解决直接关系社会的安定和谐，如果移民生活没有保障，那么其他一切都是空谈。水库移民生活要想得到真正提升，最为关键的就是经济建设，因此需要在经济发展上下功夫，从而为民生事业打下扎实的物质基础。结合区域3实际情况，应通过推动新兴农村经济产业，降低农业生产资料价格指数，实施高技能人才培养工程、促进再就业、劳动力市场建设等就业和再就业工程来促进经济发展，进而通过加强公共卫生工程、社会保障工程、住房保障工程和农村基础设施建设工程等来促进社会的发展。

（3）改善方式（d），高优先度地间接改善。根据分析结果和判别条件，在区域3需要采用方式（d）的指标包括资金管理指标，而对资金管理指标造成影响的有经济绩效指标和社会绩效指标。对于区域3而言，单纯地在水库移民后期扶持过程中建立健全资金使用管理制度，强化资金管理，保证专款专用等直接改进途径意义不大，应在经济绩效和社会绩效逐步提升的基础上，带动其资金管理水平。

（4）改进方式（e），在改进时选择低优先度的直接改善。根据分析结果和判别条件，在区域3需要采用方式（e）的指标包括项目管理，这要求区域3在水库移民后期扶持过程中，提高水库移民后期扶持项目公开程度，充分尊重移民意愿，规划目标明确具体，规划内容符合有关规定和要求；年度计划制订和变更符合程序；规范建设过程管理并加强监督。同样地，在资源有限的情况下，项目管理能力的提升和经济社会水平的提升发生冲突时，应优先考虑经济绩效和社会绩效的提升。

（5）改进方式（f），在改进时选择低优先度的间接改善。根据分析结果和判别条件，在区域3需要采用此方式的指标包括人口管理、组织保障和政策保障。也就是说，对于目前的区域3而言，人口管理、组织保障和政策保障3个指标的提升与否对于其后期扶持绩效水平的提升并不重要，人口管理受经济绩效和社会绩效的影响，组织保障和政策保障同属于机构能力建设绩效，同时受管理绩效、经济绩效和社会绩效的影响。因此，对于区域3而言，最为关键的提升途径为提高其后期扶持的经济绩效和社会绩效。

4.区域4水库移民后期扶持绩效的提升途径与措施

根据6.2节中针对区域4的IPA分析结果以及6.3节中对于绩效影响因素间的DEMATEL分析结果，并结合区域4的实际情况，针对性地提出水库移民后期扶持绩效评价指标改进及绩效提升措施，如表6-15所示。

区域4水库移民后期扶持绩效评价指标改进及绩效提升措施　　　表6-15

指标	特征	改进方式
收支、财产	$ds>0, ss>0$	（a）继续保持
人口管理、项目管理、政策保障	$ds<0, ss>0$	（b）继续保持，可将部分资源用于他处
文化教育、社会保障、公共设施建设	$ds>0, ss<0, d-r>0$	（c）高优先度地直接改善
资金管理	$ds>0, ss<0, d-r<0$	（d）高优先度地间接改善
/	$ds<0, ss<0, d-r>0$	（e）低优先度地直接改善
组织保障	$ds<0, ss<0, d-r<0$	（f）低优先度地间接改善

（1）改善方式（a），继续保持。根据对区域4绩效影响因素的IPA分析和DEMATEL分析，通过表6-15可知，需使用此方式的指标包括收支、财产。收支和财产两个指标都属于经济绩效，说明区域4在水库移民后期扶持过程中，从侧面反映了区域4水库移民后期扶持过程中的经济绩效水平良好，这与前文第4章的对于区域4水库移民后期扶持经济绩效在6个区域里排名靠前情况一致。区域4处于经济较为发达地区，移民就业机会较大，收入来源较多，应继续保持其发展高效农业，加快推进高新产业发展的战略，保证移民后期扶持经济绩效维持在较高水平。

（2）改善方式（b），继续保持，可将部分资源用于他处。采用这种方式的指标包括人口管理、项目管理和政策保障，其表征的含义是满足该条件的绩效指标相对重要性程度低，且绩效水平高。区域4移民管理机构严格实行移民后期扶持人口动态管理，落实专人负责制，建立了"县移民局监管，镇街移民部门主体，镇街水务、交通、农业和小城镇建设等相关部门参与"的移民后期扶持项目管理机制，严格遵守并积极落实河南省水库移民后期扶持相关政策，取得了较好的效果。然而，相对于上述三个指标的重要性而言，其资金投入存在"溢出"效应，因此在资源有限的情况下可将部分资源用于改善重要程度较高指标，以期提升水库移民后期扶持总体的绩效水平。

（3）改善方式（c），高优先度地直接改善。根据对区域4的调查结果显示，需要使用方式（c）的指标包括文化教育、社会保障和公共设施建设。文化教育是移民区域普遍存在的问题，区域4需在发展经济的同时，加大库区移民教育投入强度。同时，需妥善解决移民户参保问题。此外，虽然公共设施建设的绩效水平高于文化教育和社会保障，但更关注于修路、基本农田水利等基本的基础设施建设。随着经济和社会的发展，需要往高层次的基础设施建设方向迈进，关注节水设施、农村安全饮水、自来水厂、污水处理厂、环境改善、互联网等基础设施建设，来提高水库移民的生活水平。因此，区域4也同样应加强公共设施建设来满足移民的生活需要。

（4）改善方式（d），高优先度地间接改善。对资金管理指标造成影响的有经济绩效和社会绩效指标。因为在区域4中经济绩效指标总体绩效水平较高，可通过改进区域4的社会绩效指标来改善资金管理。社会绩效包括文化教育、社会保障、公共设施建设指标，根据对区域4的调查结果表6-15显示，以上社会绩效指标在采用方式（c）进行高优先度的直接改进的同时，资金管理该项指标将会相关联地得到进一步的间接改善，但是区域4也需针对资金管理绩效指标本身进行改进。

（5）改进方式（f），在改进时选择低优先度的间接改善。对于区域4来说，组织保障绩效指标除了可以配备分工明确的专业人员，定期参加市县组织的培训以提高项目人员素质和能力之外，更合理的是可通过改善管理绩效间接改进组织保障绩效指标。例如，可通过改善项目管理中的年度计划制定和变更间接改进组织保障中的人员配备情况。

5.区域5水库移民后期扶持绩效的提升途径与措施

根据6.2节中针对区域5的IPA分析结果以及6.3节中对于绩效影响因素间的DEMATEL分析结果，并结合区域5的实际情况，针对性地提出水库移民后期扶持绩效的评价指标改进及绩效提升措施，如表6-16所示。

区域5水库移民后期扶持绩效的评价指标改进及绩效提升措施　　表6-16

指标	特征	改进方式
收支、财产	$ds>0$, $ss>0$	（a）继续保持
人口管理、政策保障	$ds<0$, $ss>0$	（b）继续保持，可将部分资源用于他处
文化教育、社会保障、公共设施建设	$ds>0$, $ss<0$, $d-r>0$	（c）高优先度地直接改善
资金管理	$ds>0$, $ss<0$, $d-r<0$	（d）高优先度地间接改善
项目管理	$ds<0$, $ss<0$, $d-r>0$	（e）低优先度地直接改善
组织保障	$ds<0$, $ss<0$, $d-r<0$	（f）低优先度地间接改善

（1）改善方式（a），继续保持。根据对区域5绩效影响因素的IPA分析和DEMATEL分析，通过表6-16所示可知，需使用该方式的指标包括收支、财产，与区域4水库移民后期扶持绩效情况一致。因此，绩效提升措施可参考区域4，在此不再重复论述。

（2）改善方式（b），继续保持，可将部分资源用于他处。采用此方式的指标包括人口管理和政策保障，其表征的含义是满足该条件的绩效指标相对重要性程度低，且绩效水平高。区域5严格执行人口动态管理，实现直补到人，建档立卡。同时，认真落实河南省水库移民后期扶持政策，并针对区域实际情况，制定有针对性的后期扶持政策。对以上两个绩效指标可采取在继续保持的基础上，在资源有限的情况下可将部分资源用于改善重要程度较高的指标，以期提升水库移民后期扶持总体的绩效水平。

（3）改善方式（c），高优先度地直接改善。根据对区域5的调查结果显示，需要使用此方式的指标包括文化教育、社会保障和公共设施建设，与区域4水库移民后期扶持绩效情况一致。因此，绩效提升措施可参考区域4，在此不再重复论述。

（4）改善方式（d），高优先度地间接改善。根据对区域5的调查结果显示，需要使用此方式的指标有资金管理，与区域4水库移民后期扶持绩效情况一致。因此，绩效提升措施可参考区域4，在此不再重复论述。

（5）改进方式（e），低优先度地直接改善。根据对区域5的调查结果显示，组织项目管理指标需要采用这种改进方式。这要求区域5在项目扶持过程中，立足于移民意愿，提高移民参与程度，进一步规范项目计划制定、变更程序，完善项目建设过程管理和监督机制。但在资源有限的情况下，项目管理能力的提升和社会绩效水平的提升发生冲突时，应优先考虑社会绩效的提升。

（6）改进方式（f），在改进时选择低优先度的间接改善。根据对区域5的调查结果显示，组织保障绩效指标需要采用这种改进方式，与区域4水库移民后期扶持绩效情况一致。因此，绩效提升措施可参考区域4，在此不再重复论述。

6. 区域6水库移民后期扶持绩效的提升途径与措施

根据6.2节中针对区域6的IPA分析结果以及6.3节中对于绩效影响因素间的DEMATEL分析结果，并结合区域6的实际情况，针对性地提出水库移民后期扶持绩效评价指标的改进及绩效提升措施，见表6-17。

区域6水库移民后期扶持绩效的评价指标改进及绩效提升措施　　　表6-17

指标	特征	改进方式
/	$ds > 0$，$ss > 0$	（a）继续保持
/	$ds < 0$，$ss > 0$	（b）继续保持，可将部分资源用于他处
收支、财产、公共设施建设、文化教育、社会保障	$ds > 0$，$ss < 0$，$d-r > 0$	（c）高优先度地直接改善
资金管理	$ds > 0$，$ss < 0$，$d-r < 0$	（d）高优先度地间接改善
项目管理	$ds < 0$，$ss < 0$，$d-r > 0$	（e）低优先度地直接改善
人口管理、组织保障、政策保障	$ds < 0$，$ss < 0$，$d-r < 0$	（f）低优先度地间接改善

（1）改善方式（a）和（b），继续保持，可将部分资源用于他处。根据对区域6绩效影响因素的IPA分析和DEMATEL分析，通过表6-17所示可知，没有指标需要采用方式（a）和（b），即区域6没有需要继续保持的指标。这同样从侧面也反映了

区域6水库移民后期扶持过程中的绩效水平不高，与区域6水库移民后期扶持绩效在6个区域里排名倒数第二情况一致。因此，所有指标都需进一步地加以改善。

（2）改善方式（c），高优先度地直接改善。在区域6需要使用此方式的指标涵盖经济和社会两个方面，包括收支、财产、公共设施建设、文化教育和社会保障。区域6和区域3类似，同属较为贫困地区，同样应通过推动新兴农村经济产业发展，降低农业生产资料价格指数，实施高技能人才培养工程、促进再就业、劳动力市场建设等就业和再就业工程来促进经济发展，进而通过加大库区移民教育投入强度，加强公共卫生工程，社会保障工程，住房保障工程，农村基础设施建设工程等来促进社会的发展。

（3）改善方式（d），高优先度地间接改善。改进的基本思路在于找出对这些指标影响程度最大的指标，并对它们及其包含的相关项进行改进。在区域6需要采用此方式的指标包括资金管理。

（4）改进方式（e），在改进时选择低优先度的直接改善。在区域6需要采用此方式的指标包括项目管理。

（5）改进方式（f），在改进时选择低优先度的间接改善。在区域6需要采用此方式的指标包括人口管理、组织保障和政策保障。

总体而言，区域6水库移民后期扶持绩效的情况与区域3一致，绩效提升方式可参考区域3，在此不再重复论述。

需要进一步说明的是，本节所讨论的绩效提升措施都是基于目前的状况，随着时间的推移，指标处于不断的动态变化过程中，届时有针对性的改进方式也将发生改变。在水库移民后期扶持过程中，需要定时不断地对后期扶持绩效进行调查评估，及时发现需要改进的地方，促进水库移民后期扶持政策得到有效的落实。

6.4　本章小结

本章主要基于前文构建的水库移民后期扶持绩效综合评估体系和评估结果，利用IPA和DEMATEL方法建立系统的水库移民后期扶持绩效提升路径分析方法。IPA通过对每项指标的重要性程度和绩效水平的计算分析，可将指标按重要性程度和绩效水平划分为四类，从而识别出不同指标需要改善的不同特征。同时，考虑指标之间两两相互影响作用，引入DEMATEL方法确定指标之间的关系，得出指标改进的方向。由 IPA 方法识别出需要改善的指标，由 DEMATEL 方法得出的指标改进的方向，结合每个区域具体情况，确定每个区域水库移民后期扶持绩效的提升路径和措施。

第7章 基于政府监督与公众参与的移民后期扶持绩效保障机制研究

政府监督是指国家行政机关对主管事务负责相应事项的全过程依法监视、督促和管理。在移民后期扶持方面，政府监督往往与移民管理机构自律等多方面同时并举。在后期扶持绩效保障机制中，公共参与主要包括关心移民公共利益、移民公共事务管理等范畴。

基于第4章实证分析，较工资性收入、直补资金拨付和项目资金扶持而言，移民技能培训在增加水库移民收入上的贡献度最低，说明移民技能培训项目需要更好立足移民意愿，引进公众参与和加强政府监督机制来督促各级移民管理机构高质量、积极落实移民技能培训政策。同时，在确定各类技能培训项目和产业扶持项目实施之前，应由移民管理机构和移民群众共同决定，建立完善的政府监督机制，以确保培训扶持资金落到实处，提高资金利用率，展现移民管理机构和移民群众的创造性，提高政府监督权威度，保证各级移民管理机构不懈政怠政。另外第3章典型区域中提到的直补资金能否及时拨付、项目扶持资金和移民技能培训使用前是否征询移民意愿以及三者对移民收入的贡献程度，须引进公众参与；第5章涉及指标社会保障（B23）、项目管理（B32）、资金管理（B33）、组织保障（B41）、政策保障（B42）须加大政府监督力度和引进公众参与指标，如表7-1所示。

须加大政府监督力度和引进公众参与指标列表   表7-1

须加大政府监督力度	须引进公众参与
直补资金能否及时拨付	直补资金能否及时拨付
项目扶持资金使用前是否征询移民意愿	项目扶持资金使用前是否征询移民意愿
移民技能培训前是否征询移民意愿	移民技能培训前是否征询移民意愿
移民与当地农村居民新农合作医疗参加率比	—
移民与当地农村居民养老保险参加率比	—

须加大政府监督力度	须引进公众参与
项目实施公开程度（C321）	项目实施公开程度（C321）
年度计划制定和变更（C322）	—
建设管理规范程度（C323）	建设管理规范程度（C323）
移民参与和监督程度（C324）	
资金下达情况（C331）	资金下达情况（C331）
资金支出方向（C332）	资金支出方向（C332）
资金使用管理情况（C333）	资金使用管理情况（C333）
组织机构健全情况（C411）	
职能分工明确情况（C412）	职能分工明确情况（C412）
信息系统建设情况（C413）	
政策制定与实施效果（C421）	政策制定与实施效果（C421）

综上所述，就水库移民后期扶持绩效保障机制而言，政府监督是水库移民后期扶持绩效提升的根本保证，公众参与是水库移民后期扶持绩效提升的关键途径，将两者有效结合可在很大程度上提高水库移民后期扶持绩效。鉴于此，为建立基于政府监督与公众参与的水库移民后期扶持绩效保障机制，本章通过构建演化博弈模型，分析政府、移民管理机构以及公众三方的博弈行为，探寻博弈三方演化均衡点，并借助数值仿真分析不同的初始值和条件下的演化路径及演化结果，进而依据演化博弈结果提出水库移民后期扶持绩效保障机制。

7.1 博弈模型构建

7.1.1 模型的基本假设

本小节博弈主体为政府、地方移民管理机构和公众三个方面，三方的行为会对绩效产生不同影响。其中，政府主要制定水库移民后期扶持政策；地方移民管理机构主要贯彻落实国家政策，向政府提出解决水库移民安置问题的意见或建议，并负责水库移民后期扶持和移民遗留问题处理工作等；公众主要参与水库移民规划、安置、补偿等后期扶持政策的决策、执行、监督、评估全过程。

政府依照有关法律法规，对移民管理机构违法违规使用移民专项资金等消极执行后期扶持政策的情况进行处罚，并对积极执行后期扶持政策的移民管理机构发放资金补贴。政府可以选择积极监管或者消极监管，假设政府积极监管投入的监管成

本为 C_1，积极监管能及时发现后期扶持政策积极执行及消极执行的情况；政府消极监管投入的监管成本为 $\lambda C_1(0<\lambda<1)$。其中 λ 为政府监管力度，λ 越大政府监管力度也越大。政府消极监管时存在监管成功的概率设为 β。因为移民安置问题切实关系到每个移民户，若移民管理机构选择消极执行政府保障、资金保障和移民权益保障造成移民户生活贫困，公众可选择向当地政府举报，举报的概率为 $\alpha(0<\alpha<1)$，若公众选择了举报，政府损失为 D，D 表示政府公信力等的损失及政府为鼓励公众举报而设置的奖励等资金支出；移民管理机构损失为 T，T 表示移民管理机构声誉损失及公众对消极执行后期扶持政策而选择抗争或暴力来维护移民自身权益而造成的资金损失和声誉损失。

在政府的水库移民后期扶持政策下，移民管理机构的策略选择有两种：积极执行和消极执行。

1.积极执行

移民管理机构积极执行后期扶持政策引起水库移民经济增长，移民满意度提升，生产生活水平提升等方面获得的收益为 R_1，需要投入额外的成本 C，但政府对采取积极执行后期扶持政策的移民管理机构进行经济补贴 B，假设政府的补贴也与政府的监管力度有关。

2.消极执行

移民管理机构选择消极政府后期扶持政策而获得的收益为 R_2，无论是政府自己监管成功还是公众向政府进行举报，政府都会对移民管理机构的违法违规现象进行处罚为 F；如果政府监管不成功，公众也选择不举报，则移民管理机构可以逃避处罚。移民管理机构选择消极执行后期扶持政策产生的损耗所需要的治理成本 C_0 将由其承担。水库移民后期扶持监督的博弈支付矩阵如表7-2所示。

水库移民后期扶持监督博弈支付矩阵　　　　表7-2

政府	移民管理机构	
	积极执行	消极执行
积极执行	$-C_1-B$, R_1+B-C_1	$-C_1+F-C_0$, $R_2-F-\alpha T$
消极执行	$-\lambda C_1-\lambda B-\alpha D$, $R_1+\lambda B-C_2$	$-\lambda C_1+(\alpha+\beta-\alpha\beta)F-C_0-\alpha D$, $R_2-(\alpha+\beta-\alpha\beta)F-\alpha T$

7.1.2　收益函数构建及复制动态方程

假设政府选择积极监管策略的比例为 $p(0\leqslant p\leqslant1)$，则 $(1-p)$ 比例的政府选择了消极执行；移民管理机构群体中选择积极执行后期扶持政策的比例为 $q(0\leqslant q\leqslant1)$，

则有 $(1-q)$ 比例的移民管理机构选择了消极执行后期扶持政策。p 和 q 都是时间 t 的函数。

（1）政府选择积极监管的期望收益 U_{G1}、选择消极监管的期望收益 U_{G2} 以及政府的平均期望收益 U_G 分别为：

$$U_{G1}=q(-C_1-B)+(1-q)(-C_1+F-C_0) \tag{7-1}$$

$$U_{G2}=q(-\lambda C_1-\lambda B-\alpha D)+(1-q)\{[-\lambda C_1+(\alpha+\beta-\alpha\beta)F-C_0-\alpha D]\} \tag{7-2}$$

$$U_G=pU_{G1}+(1-p)U_{G2} \tag{7-3}$$

政府群体选择积极监管的复制动态方程为：

$$f(p)=\mathrm{d}p/\mathrm{d}t=p(U_{G1}-\overline{U}_G)=p(1-p)(U_{G1}-U_{G2}) \tag{7-4}$$

$$=p(1-p)\{F(1-\alpha)(1-\beta)+\alpha D-(1-\lambda)C_1-q[F(1-\alpha)(1-\beta)+(1-\lambda)B]\}$$

令 $f(p)=0$，得到：

$$p_1=0,\ p_2=0$$

$$q_3=\frac{F(1-\alpha)(1-\beta)+\alpha D-(1-\lambda)C_1}{F(1-\alpha)(1-\beta)+(1-\lambda)B}\ （简记为 q^*，当且仅当 0\leqslant q^*\leqslant 1 时成立）$$

（2）移民管理机构选择积极执行后扶政策的期望收益 U_{E1}，选择消极执行后扶政策的期望收益 U_{E2} 以及移民管理机构的平均期望收益 U_E 分别为：

$$U_{E1}=p(R_1+B-C_2)+(1-p)(R_1+\lambda B-C_2) \tag{7-5}$$

$$U_{E2}=p(R_2-F-\alpha T)+(1-p)[R_2-(\alpha+\beta-\alpha\beta)F-\alpha T] \tag{7-6}$$

$$U_E=qU_{E1}+(1-q)U_{E2} \tag{7-7}$$

移民管理机构选择积极执行后期扶持政策的复制动态方程为：

$$f(q)=\mathrm{d}q/\mathrm{d}t=q(U_{E1}-\overline{U}_E)=q(1-q)(U_{E1}-U_{E2}) \tag{7-8}$$

$$=q(1-q)\{p[F(1-\alpha)(1-\beta)+(1-\lambda)B]+R_1+\lambda B-C_2-R_2+F(\alpha+\beta-\alpha\beta)+\alpha T\}$$

令 $f(q)=0$，得到：

$$q_1=0,\ q_2=0$$

$$p_3=\frac{R_1+\lambda B-C_2-R_2+F(\alpha+\beta-\alpha\beta)+\alpha T}{F(1-\alpha)(1-\beta)+(1-\lambda)B}\ （简记为 p^*，当且仅当 0\leqslant p^*\leqslant 1 时成立）$$

根据式（7-4）和式（7-8）得到系统的雅克比矩阵：

$$J=\begin{bmatrix} J_{11} & J_{12} \\ J_{21} & J_{22} \end{bmatrix} \tag{7-9}$$

其中：

$J_{11}=(1-2p)\{F(1-\alpha)(1-\beta)+\alpha D-(1-\lambda)C_1-q[F(1-\alpha)(1-\beta)+(1-\lambda)B]\}$

$J_{12}=-p(1-p)[(1-\lambda)B+F(1-\alpha)(1-\beta)]$

$J_{21}=q(1-q)[(1-\alpha)(1-\beta)F+(1-\lambda)B]$

$J_{22}=(1-2q)\{p[F(1-\alpha)(1-\beta)+(1-\lambda)B]+R_1+\lambda B-C_2-R_2+F(\alpha+\beta-\alpha\beta)+\alpha T\}$

7.2　演化博弈均衡分析

在平面 $M=\{(p,q)/0\leqslant q,q\leqslant 1\}$ 上可得到演化博弈的5个均衡点 $(0,0)$, $(1,0)$, $(0,1)$, $(1,1)$ 和 (p^*,q^*)，将系统均衡点数值代入，可以得到雅克比矩阵的行列式和迹的表达式分别如表7-3所示。

各均衡点雅克比矩阵的行列式和迹的表达式　　　　表7-3

均衡点	等式类型	等式结果
(0, 0)	det J	$[F(1-\alpha)(1-\beta)+\alpha D-C_1(1-\lambda)]\{(R_1+\lambda B-C_2)-[R_2-F(\alpha+\beta-\alpha\beta)-\alpha T]\}$
	trace J	$[F(1-\alpha)(1-\beta)+\alpha D-C_1(1-\lambda)]+\{(R_1+\lambda B-C_2)-[R_2-F(\alpha+\beta-\alpha\beta)-\alpha T]\}$
(0, 1)	det J	$-[\alpha D-(1-\lambda)(C_1+B)]\{(R_1+\lambda B-C_2)-[R_2-F(\alpha+\beta-\alpha\beta)-\alpha T]\}$
	trace J	$[\alpha D-(1-\lambda)(C_1+B)]-\{(R_1+\lambda B-C_2)-[R_2-F(\alpha+\beta-\alpha\beta)-\alpha T]\}$
(1, 0)	det J	$-[F(1-\alpha)(1-\beta)+\alpha D-C_1(1-\lambda)]*[R_1+B-C_2-(R_2-F-\alpha T)]$
	trace J	$-[F(1-\alpha)(1-\beta)+\alpha D-C_1(1-\lambda)]+[R_1+B-C_2-(R_2-F-\alpha T)]$
(1, 1)	det J	$[\alpha D-(1-\lambda)(C_1+B)]*[R_1+B-C_2-(R_2-F-\alpha T)]$
	trace J	$-[\alpha D-(1-\lambda)(C_1+B)]-[R_1+B-C_2-(R_2-F-\alpha T)]$
(p^*,q^*)	det J	$-(1-p^*)(1-q^*)[F(1-\alpha)(1-\beta)+\alpha D-C_1(1-\lambda)]*\{(R_1+\lambda B-C_2)-[R_2-F(\alpha+\beta-\alpha\beta)-\alpha T]\}$
	trace J	0

表达式中，令 $\varepsilon_1=F(1-\alpha)(1-\beta)+\alpha D-C_1(1-\lambda)$；$\varepsilon_2=\alpha D-(1-\lambda)(C_1+B)$；$\varepsilon_3=(R_1+\lambda B-C_2)-[R_2-F(\alpha+\beta-\alpha\beta)-\alpha T]$；$\varepsilon_4=R_1+B-C_2-(R_2-F-\alpha T)$

其中，ε_1 表示移民管理机构选择消极执行后期扶持政策时，政府积极监管比消极监管多节约的成本；ε_2 表示移民管理机构积极执行后期扶持政策时，政府积极监管比消极监管多节约的成本；ε_3 表示政府消极监管时，移民管理机构选择积极执行比消极执行多获得的收益；ε_4表示政府积极监管时，移民管理机构选择积极执行比消极执行多获得的收益。由表达式可以推出$\varepsilon_1 > \varepsilon_2$，$\varepsilon_3 < \varepsilon_4$。根据演化博弈理论，满足$\det J > 0$，$\text{trace} J < 0$的均衡点为系统的演化稳定点（Evolutionary Stability Point of System，ESS）。对系统的雅克比矩阵进行局部稳定性分析，可以得到九种不同情形下的均衡结果，如表7-4所示，具体分析如下：

政府与移民管理机构的演化稳定策略　　　　　　　　　　　　　　　表7-4

情形	条件	状态	ESS
I	$\varepsilon_2 > 0$，$\varepsilon_4 < 0$	公众举报率高，移民管理机构获益低	(1, 0)
II	$\varepsilon_2 > 0$，$\varepsilon_3 > 0$	公众举报率高，移民管理机构获益高	(1, 1)
III	$\varepsilon_2 > 0$，$\varepsilon_3 < 0$，$\varepsilon_4 > 0$	公众举报率高，移民管理机构获益中等	(1, 1)
IV	$\varepsilon_1 < 0$，$\varepsilon_4 < 0$	公众举报率低，移民管理机构获益低	(0, 0)
V	$\varepsilon_1 < 0$，$\varepsilon_3 > 0$	公众举报率低，移民管理机构获益高	(0, 1)
VI	$\varepsilon_1 < 0$，$\varepsilon_3 < 0$，$\varepsilon_4 > 0$	公众举报率低，移民管理机构获益中等	(0, 0)
VII	$\varepsilon_1 > 0$，$\varepsilon_2 < 0$，$\varepsilon_4 < 0$	公众举报率中等，移民管理机构获益低	(1, 0)
VIII	$\varepsilon_1 > 0$，$\varepsilon_2 < 0$，$\varepsilon_3 > 0$	公众举报率中等，移民管理机构获益高	(0, 1)
IX	$\varepsilon_1 > 0$，$\varepsilon_2 < 0$，$\varepsilon_3 < 0$，$\varepsilon_4 > 0$	公众举报率中等，移民管理机构获益中等	无

情形 I：公众举报率高，移民管理机构获益低。

$\varepsilon_2 > 0$，$\varepsilon_4 < 0$即无论移民管理机构选择积极执行还是消极执行后期扶持政策，政府积极监管成本更低，收益更高。政府无论监管与否，移民管理机构选择消极执行后期扶持政策的收益总是更高。此时存在四个均衡点：(0, 0)，(1, 0)，(0, 1)和(1, 1)，系统的ESS为(1, 0)，对应的演化稳定策略为（积极监管，积极执行）。消极执行后期扶持政策策略给移民管理机构带来的收益抵消了补贴，也抵消了政府对移民管理机构的处罚和移民管理机构被公众举报造成的损失，移民管理机构宁愿遭受舆论损失，以致相关人员遭受处罚、立案侦查、约谈、撤职等处罚，也会出于价值最大化选择效益更高的消极执行后期扶持政策策略，从而导致绩效亏损。由于政府消极监管面临公众举报造成的损失很高，同时考虑到移民管理机构的策略选择，政府会投入更多的监管成本，以加强监管的力度，鼓励移民管理机构积极执行后期扶持政策。

情形 II：公众举报率高，移民管理机构获益高。

$\varepsilon_2 > 0$，$\varepsilon_3 > 0$即无论移民管理机构选择积极执行还是消极执行后期扶持政策，政府积极监管成本更低，收益更高；无论政府选择何种策略，移民管理机构选择积极后期扶持政策的收益总是较高，同时提高了水库移民后期扶持绩效。此时存在四个均衡点：(0，0)，(1，0)，(0，1)和(1，1)，系统的ESS为(1，1)，对应的演化稳定策略为(积极监管，积极执行)。

情形Ⅲ：公众举报率高，移民管理机构获益中等。

$\varepsilon_2 > 0$，$\varepsilon_3 < 0$，$\varepsilon_4 > 0$即无论移民管理机构选择积极执行还是消极执行后期扶持政策，政府积极监管收益更高。移民管理机构选择积极执行后期扶持政策，在政府积极监管时收益较高，在政府消极监管时较低。此时存在四个均衡点：(0，0)，(1，0)，(0，1)和(1，1)，系统的ESS为(1，1)，对应的演化稳定策略为(积极监管，积极执行)。政府积极监管，移民管理机构选择消极执行后期扶持政策将遭受处罚、立案侦查、约谈、撤职等处罚，以及公众举报损失，因此移民管理机构会选择积极执行后期扶持政策，最终实现多方共赢，同时绩效得到提升。

情形Ⅳ：公众举报率低，移民管理机构获益低。

$\varepsilon_1 < 0$，$\varepsilon_4 < 0$即无论移民管理机构选择积极执行还是消极执行后期扶持政策，政府消极监管成本更低，收益更高。无论政府何种选择，移民管理机构选择积极执行后期扶持政策的收益总是较低。此时存在四个均衡点：(0，0)，(1，0)，(0，1)和(1，1)，系统的ESS为(0，0)，对应的演化稳定策略为(消极监管，积极执行)。政府监管力度不大，移民管理机构消极执行，导致移民利益受损，绩效水平无法保障。

情形Ⅴ：公众举报率低，移民管理机构获益高。

$\varepsilon_1 < 0$，$\varepsilon_3 > 0$即无论移民管理机构选择积极执行还是消极执行后期扶持政策，政府消极监管成本更低，收益更高。无论政府何种选择，移民管理机构积极执行后期扶持政策的收益总是较高。此时存在四个均衡点：(0，0)，(1，0)，(0，1)和(1，1)，系统的ESS为(0，1)，对应的演化稳定策略为(消极监管，积极执行)。移民管理机构选择积极执行后期扶持政策的策略，以改善移民生产生活状况，提升水库移民后期扶持绩效。

情形Ⅵ：公众举报率低，移民管理机构获益中等。

$\varepsilon_1 < 0$，$\varepsilon_3 < 0$，$\varepsilon_4 > 0$即无论移民管理机构选择积极执行还是消极执行后期扶持政策，政府消极监管更符合成本最低原则。在政府积极监管时，移民管理机构积极执行获益较高，反之获益较低。此时存在四个均衡点：(0，0)，(1，0)，(0，1)和

（1，1），系统的ESS为（0，0），对应的演化稳定策略为（消极监管，消极执行）。政府基于成本考虑优先选择消极监管。移民管理机构宁愿被处罚、立案侦查、约谈、撤职等而遭受公众举报，也会受效益驱使选择消极执行后期扶持政策，无法保障后期扶持绩效。

情形Ⅶ：公众举报率中等，移民管理机构获益低。

$\varepsilon_1>0$，$\varepsilon_2<0$，$\varepsilon_4<0$即若移民管理机构选择消极执行后期扶持政策，则政府积极监管收益更高；若移民管理机构选择积极执行后期扶持政策，则政府消极监管的收益更高。无论政府作出各种策略选择，移民管理机构选择消极执行后期扶持政策的收益更高。此时存在四个均衡点：（0，0），（1，0），（0，1）和（1，1），系统的ESS为（1，0），对应的演化稳定策略为（积极监管，消极执行）。根据价值最大化的原则，即使面临处罚、立案侦查、约谈、撤职等处罚和公众的舆论损失，移民管理机构也会选择收益更高的消极执行后期扶持政策，政府更倾向于积极监管，以处罚等方式减少政府公信力损失，绩效止于低水平。

情形Ⅷ：公众举报率中等，移民管理机构获益高。

$\varepsilon_1>0$，$\varepsilon_2<0$，$\varepsilon_3>0$即若移民管理机构选择消极执行后期扶持政策，则政府积极监管收益更高；若移民管理机构选择积极执行后期扶持政策，则政府消极监管的成本更低。无论政府积极监管还是消极监管，移民管理机构选择积极执行后期扶持政策的收益总是较高，此时存在四个均衡点：（0，0），（1，0），（0，1）和（1，1），系统的ESS为（0，1），对应的演化稳定策略为（消极监管，积极执行）。移民管理机构选择收益更高的积极执行后期扶持政策策略更符合其自身发展，但政府会逐渐向消极监管方向演化，形成了"无为而治"的局面。

情形Ⅸ：公众举报率中等，移民管理机构获益中等。

$\varepsilon_1>0$，$\varepsilon_2<0$，$\varepsilon_3<0$，$\varepsilon_4>0$即若移民管理机构选择消极执行后期扶持政策，则政府积极监管收益更高；若移民管理机构认真贯彻落实移民政策，则政府消极监管收益更高。政府选择积极监管时，移民管理机构获益更高；政府选择消极监管时，移民管理机构选择消极执行时收益更高。此时存在五个均衡点：（0，0），（1，0），（0，1）、（1，1）和（p^*，q^*）不存在演化稳定策略，得到中心点（p^*，q^*），政府和移民管理机构都选择了混合策略。政府会选择成本较低的消极监管，同时发挥公众监督的力量，移民管理机构因为政府的消极监管，存在侥幸心理，在公众不举报时可以免受政府处罚和公众举报损失，故选择消极执行后期扶持政策的策略选择。因此政府和移民管理机构的动态博弈结果就是都选择混合策略。

7.3 数值模拟仿真分析

本书运用 MATLAB 2016b 对演化博弈的上述9种情形下的均衡点分别进行数值仿真，同时分析不同的初始值向均衡点的演化轨迹。时间段 t 为 $[0，100]$，p、q 的初始值分别为 $[0.2，0.8]$，$[0.4，0.6]$，$[0.5，0.5]$，$[0.7，0.4]$，$[0.9，0.2]$。设 $D=4$，$\lambda=0.5$，$\beta=0.4$，$B=2$，$C_1=3$，$C_2=3$，$R_2=8$，$F=2$，$T=1$。横轴表示政府选择积极监管的比例 p，纵轴表示移民管理机构选择积极执行后期扶持政策的比例 q。

由图7-1可以看出，情形 I 的演化稳定策略为 $(1，0)$，即（积极监管，消极执行）。起初，有一定的比例移民管理机构选择了积极执行后期扶持政策，但是受效益驱动，很快发现政府的处罚及公众举报的损失并不高，受效益驱使，移民管理机构宁愿面临公众舆论和政府处罚但总体收益更高的消极执行的策略选择。政府消极监管时，对移民管理机构处罚程度很低，而政府威信的损失很高，消极监管成本更高，因此政府会趋向于积极监管。

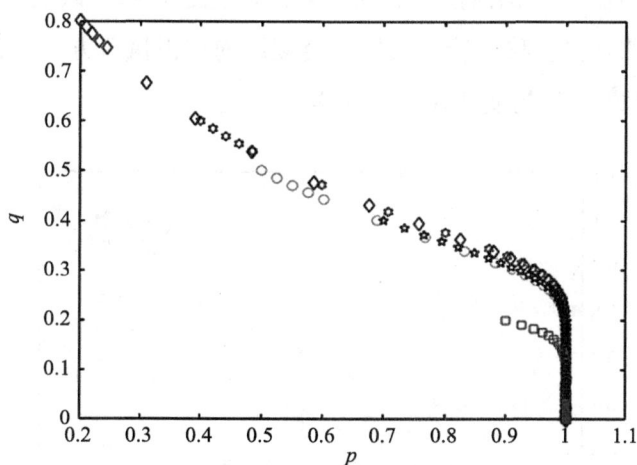

图7-1 情形 I 的动态演化图

由图7-2可以看出，情形 II 的演化稳定策略为 $(1，1)$，即（积极监管，消极执行）。起初，有一定比例的移民管理机构选择了消极执行后期扶持政策策略，但随着公众举报率的提升，造成的损失很高，因而迅速地转向收益更高的积极执行策略选择；政府选择了消极监管，但随着公众举报率的提升，公信力逐渐下降，其损失高于政府消极监管节省的监管成本，因此政府会趋向于收益更高的积极监管。公众的高度参与使得政府与移民管理机构都选择了对公众有利的策略。

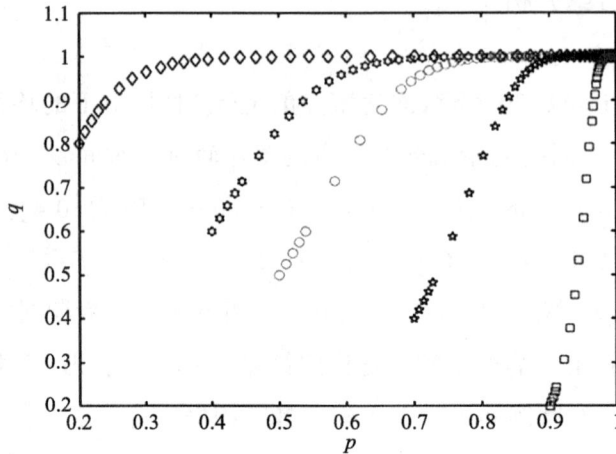

图7-2　情形Ⅱ的动态演化图

由图7-3可以看出，情形Ⅲ的演化稳定策略为（1，1），即（积极监管，积极执行）。随着公众举报率的提升，政府的损失越来越高，高于政府消极监管节省的监管成本，因此政府会选择积极监管。在长期的演化过程中，政府趋向于积极监管，为避免遭受更多的处罚，移民管理机构也会逐渐向积极执行方向演化。与情形Ⅱ的演化类型相似，只是q值的变化速度相对慢了一些。

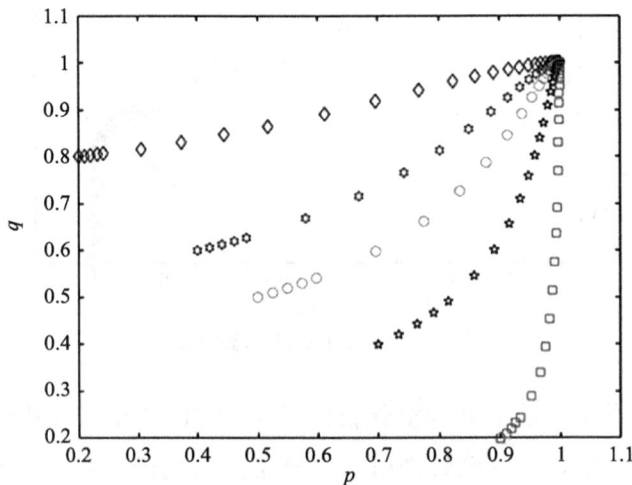

图7-3　情形Ⅲ的动态演化图

由图7-4可以看出，情形Ⅳ的演化稳定策略为（0，0），即（消极监管，消极执行）。起初，政府群体中有一定比例选择了积极监管，但是发现积极监管投入的成本过高，因此政府会趋向于收益更高的消极监管。随着政府的处罚及公众举报的损失逐渐下降，受效益驱动移民管理机构迅速转向消极执行策略选择。公众的参与积极性很低，政府与移民管理机构都选择了对公众不利的策略。

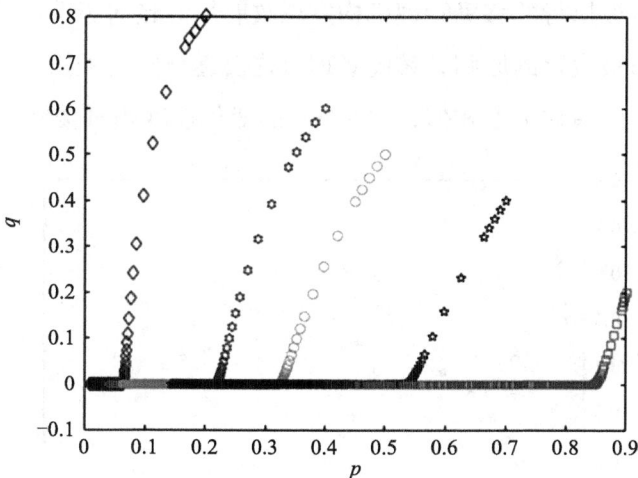

图7-4　情形Ⅳ的动态演化图

由图7-5可以看出，情形Ⅴ的演化稳定策略为（0，1），即（消极监管，积极执行）。受利益驱动即使移民管理机构考虑到处罚补贴等因素，执行后期扶持政策带来的总效益更多，会逐渐转向积极执行的策略选择；最初选择积极监管策略的政

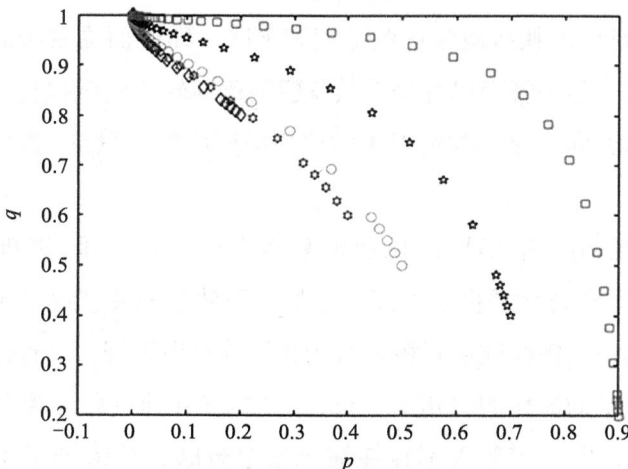

图7-5　情形Ⅴ的动态演化图

府在长期演化中发现移民管理机构趋向于积极执行后期扶持政策，继续选择积极监管成本过高，政府就会放松对移民管理机构的监管，向着消极监管的方向演化，最终达成"无为而治"的结果。

由图7-6可以看到，情形Ⅵ的演化稳定策略为（0，0），即（消极监管，消极执行）。随着积极监管投入的成本越来越高，政府会趋向于消极监管。在长期演化中，最初选择了积极执行的移民管理机构发现政府最终趋向于选择消极监管，根据移民管理机构价值最大化的原则，移民管理机构会逐渐向消极执行后期扶持政策方向演化。与情形Ⅳ的演化类型相似，只是q值的变化速度相对缓慢。

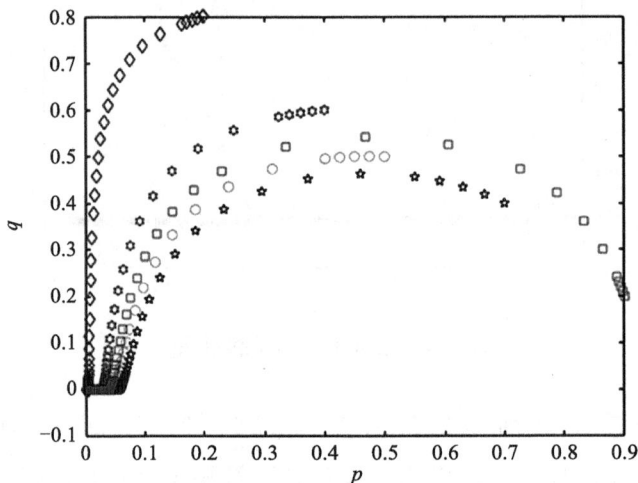

图7-6　情形Ⅵ的动态演化图

由图7-7可以看出，情形Ⅶ的演化稳定策略为（1，0），即（积极监管，消极执行）。随着积极执行后期扶持政策的收益逐渐下降，即使面临政府的消极监管处罚和公众举报等损失，移民管理机构仍受效益驱动逐渐转向消极执行策略选择，但政府会向积极监管的方向演化。与情形Ⅰ的演化类型相似，只是p值的变化速度相对慢一些。

由图7-8可以看出，情形Ⅷ演化稳定策略为（0，1），即（消极监管，积极执行）。随着政府处罚和公众举报损失逐渐增加，受效益驱使移民管理机构逐渐转向积极执行的策略选择，因此政府积极监管的积极性有所下降，会逐渐向消极监管的方向演化。与情形Ⅴ的演化类型相似，只是p值的变化速度相对缓慢。

由图7-9可以看出，情形Ⅸ不存在演化稳定策略，只得到了中心点（0.1860，0.4767）。为使结果清晰可见，增加了p、q的初始取值范围，即p、q的取值分别为

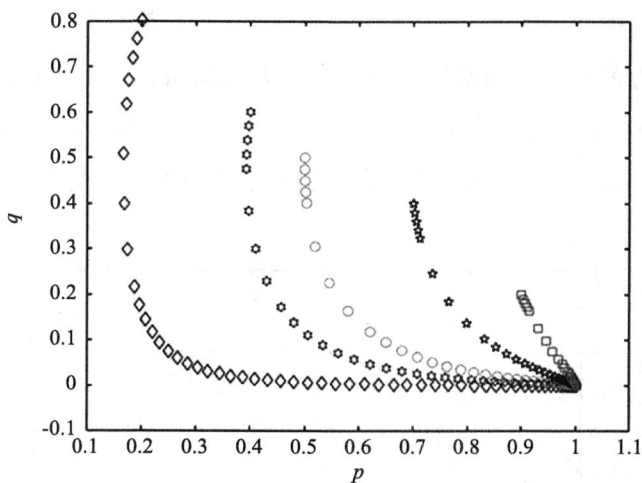

图7-7　情形Ⅶ的动态演化图

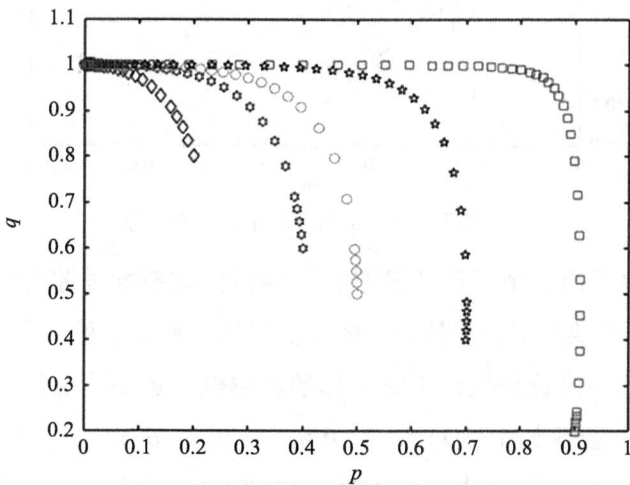

图7-8　情形Ⅷ的动态演化图

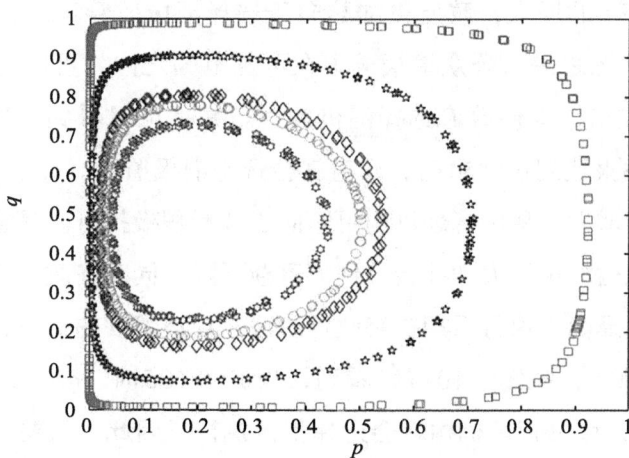

图7-9　情形Ⅸ的动态演化图

0.05，0.2，0.35，0.5，0.65，0.8，0.95。这表明政府和移民管理机构双方都选择了混合策略，双方的策略决策都要依赖于另一方的策略，于是形成周而复始的循环过程。当$p>0.1860$时，q值向1的方向演化，而$p>0.1860$时，q值向着0的方向演化；当$q>0.4767$时，p值向着0的方向演化，当$q>0.4767$时，p值向着1的方向演化。

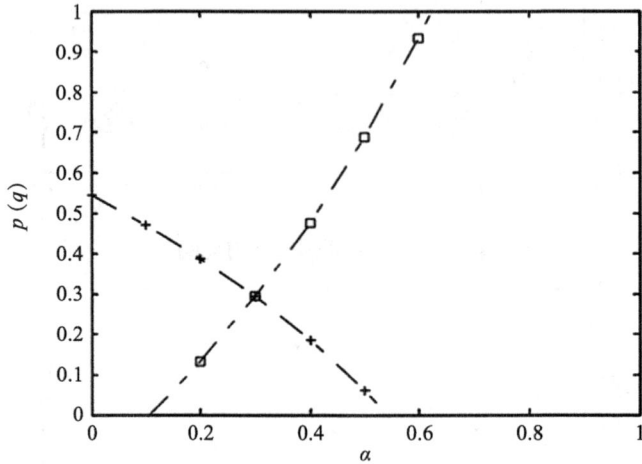

图7-10　p_3、q_3与α的关系图示

由图7-10可以看出，情形IX比较符合我国目前政府加强监督管理，而移民管理机构还是存在消极执行后期扶持政策的现实国情。针对这种情况，本书就公众举报的概率对政府与移民管理机构策略选择的影响做了进一步分析，以期得到有益的结论。设置基本参数如下：$D=4$，$\lambda=0.5$，$\beta=0.4$，$B=2$，$C_1=3$，$C_2=3$，$R_2=8$，$F=2$，$T=1$。分别得到p_3、q_3与α的关系，如图7-10所示。p_3与α呈凹性负相关，随着公众举报概率α的增大，政府更加趋向于选择消极监管策略，公众的举报是政府监督的有力来源之一，公众举报成本在可控范围之内，可以有效减少政府的人力物力等资源支出，促使政府选择消极监管。并且可以看到，当$\alpha=0.5454$时，$p_3=0$，即公众的举报达到0.5454时，政府就会选择消极监管。q_3与α呈正相关，随着公众举报概率的增大，移民管理机构更倾向于选择积极执行。随着公众的举报的提升，移民管理机构的执行力和社会公信力逐渐下降，同时在政府消极监管时增大了移民管理机构选择消极执行后期扶持政策违法违规被发现的概率，因此移民管理机构会选择积极执行，从图7-10可以看到，当$\alpha=0.625$时，$q_3=1$，即公众的举报概率达到0.625时，移民管理机构就会选择积极执行。因此，只要公众积极参与举报，就能促使移民管理机构选择积极执行后期扶持政策并能节省政府的监管成本。

7.4　主要结论

依据演化博弈分析及数值仿真模拟分析结果，本章主要得出以下结论：

（1）对政府来说，加大对移民管理机构的处罚力度是促进水库移民后期扶持政策顺利实施的有效手段。若移民管理机构继续违法违规选择消极执行后期扶持政策，消极怠政，并违规挪用移民专项资金，就会面临政府的高额处罚以及承担公众举报等损失，移民管理机构出于成本考虑会选择遵守并积极执行后期扶持政策，保障移民权益。而对地方移民管理机构进行处罚，公众的积极参与也可以抵消政府监管带来的成本。此外，由于信息不对称，移民管理机构对公众参与水库移民监督带来的潜在成本节约可能没有充分的认识，政府单一的命令控制后期扶持政策对移民管理机构积极执行后期扶持政策驱动力不足，因而政府应考虑采用公众参与的后期扶持监督方法，尤其是市场型的后期扶持政策监督方法，如座谈会、移民信访上访、政务公开情况等，通过市场的方式去指引移民管理机构自发选择积极执行后期扶持政策。

（2）对移民管理机构而言，博弈结果就是遵从价值最大化的原则选择积极执行后期扶持政策。移民管理机构应加大各项投入以提升执行后期扶持政策的收益。移民管理机构为选择积极执行后期扶持政策需投入一定的成本，若政府选择积极执行后期扶持政策有更高的效益空间，移民管理机构就会自发地选择积极执行后期扶持政策。

（3）对于公众来讲，就是积极维护移民的利益。作为地方移民管理机构管辖的移民村，如果政府广泛开展移民公众监督途径和方式，甚至对移民后期扶持政策执行的全过程进行监督，并开通多种举报渠道，一经查实，严肃处理，就会使移民管理机构认识到只有积极执行后期扶持政策才能提高其公信力，获取更高效益，促使移民管理机构自发地选择积极执行后期扶持政策。

7.5　本章小结

政府、移民管理机构和公众三方行为会对水库移民后期扶持绩效评估产生不同的影响。本章将政府监督与公众参与作为提升水库移民后期扶持绩效有效方式，运用演化博弈理论对水库移民后期扶持绩效保障机制构建过程中各利益主体行为进行了分析，运用演化博弈探寻三方博弈均衡点。通过对复制动态方程和演化稳定性的推导分析得到提升水库移民后期扶持绩效的策略选择。从分析结果来看，政府需要加大监管力度，对移民机构建立赏罚分明的奖惩制度，开展多种渠道的公众参与方式和公众举报落实及处罚机制，维持适当的公众举报率，才能够使移民管理机构积极执行移民后期扶持政策，以提升水库移民后期扶持绩效水平。

第8章 结论与展望

8.1 结论

水库移民问题是关系社会和谐稳定的政治和社会问题，后期扶持是解决水库移民问题的关键所在，如何保障水库移民后期扶持工作高效开展至关重要。本书在分析水库移民后期扶持和绩效评估国内外研究现状的基础上，探析了水库移民后期扶持绩效评估的内容和特点；基于面板数据分析构建了水库移民后期扶持增收效果评估模型；在构建水库移民后期扶持绩效评估指标体系的基础上，构建了基于FAHP-熵权法和云模型的水库移民安置区后期扶持绩效评估模型；基于IPA-DEMATEL分析方法，提出水库移民后期扶持绩效提升路径分析方法。为水库移民后期扶持绩效评估和提升路径，提供了较系统的定量分析方法。通过研究取得的主要成果和结论如下。

（1）水库移民后期扶持绩效评估包含移民增收绩效（微观层次）和安置区综合绩效（宏观层次）两个层面。微观层次主要基于计量经济学思想，通过面板数据模型分析影响移民收入的主要因素，探析后期扶持资金对提高移民的收入的作用。宏观层次通过构建水库移民安置区后期扶持绩效评估指标体系和评估模型，对水库移民安置区后期扶持绩效进行多维综合定量评估。

（2）构建了基于面板数据分析的水库移民后期扶持增收效果评估模型，可定量分析现有后期扶持政策对于促进移民个人增收的有效性和不同政策因素的影响。对河南省6典型区域进行实证分析结果表明：现有政策中的直补资金、项目扶持资金和技能培训对增加移民收入有一定的效果，但贡献度有所不足；以工资性收入对增加水库移民后期扶持收入的贡献最大，然后依次为项目扶持资金、直补资金和移民技能培训。因此，有必要制定有效的水库移民转移就业政策，继续加强项目扶持政策落实，实时探讨增加直补资金发放数量的可能性，并积极落实移民技能培训政策。

（3）构建了由评价指标—权重确定—评估模型组成的水库移民安置区后期扶持绩效多维综合定量评估方法体系。从理论层面来看，基于BSC和KPI法构建的指标体系能够较为完整地反映出水库移民后期扶持绩效水平；使用组合权重法，将由熵权法确定的权重限制在主观权重法所确定的区间内，使得其解释性更强，同时可使求得的权重避免极值的影响，增加了权重计算结果的合理性；此外，借助云理论实现了定性语言值向定量数字特征值的转化，使得研究结果更具有效性和稳定性。从实际层面上来看，对河南省6个典型区域后期扶持绩效评估结果表明：现阶段，河南省6个典型区域水库移民后期扶持综合绩效水平不高，水库移民后期扶持政策实施效果未达到理想状态，仍存在较大的提升空间，这与实地调研情况一致，也验证了绩效指标的合理性和评估模型的可行性。

（4）基于IPA-DEMATEL构建水库移民后期扶持绩效提升途径分析方法，可实现在考虑指标绩效水平状况、重要性程度以及相互影响关系的基础上，明确绩效提升途径和措施。利用河南省6典型区域的绩效综合评估结果，分别进行IPA分析，识别出不同典型区需要进一步改善的指标；通过DEMATEL分析，明确了不同区域各项指标改进的方向；结合改进指标及其改进方向，得到各区域水库移民后期扶持绩效提升的途径和措施。结果表明分析方法是有效的，对其他不同类型的移民项目绩效提升途径分析有借鉴和示范作用。

综上，本小节建立了科学有效的水库移民后期扶持绩效双层定量评估与绩效提升途径分析方法体系，可为政府部门对水库移民后期扶持绩效评估提供科学依据，为水库移民后期扶持政策的完善提供理论支撑。

8.2　主要创新点

本书的创新之处主要体现在以下三个方面：

（1）提出了水库移民后期扶持增收效果定量评估面板数据模型分析方法。

以人均可支配收入作为被解释变量，以影响移民收入的后期扶持政策性因素和非政策性因素作为解释变量，提出了由数据描述、数据检验、模型检验组成的水库移民个人后期扶持增收效果评估的面板数据模型构建方法；构建的面板数据评估模型，不仅能定量化评估不同典型区水库移民个人增收效果状况，还可以辨识出影响水库移民个人收入的关键因素及各因素的贡献程度。

（2）构建了水库移民安置区后期扶持绩效多维综合定量评估方法体系。

针对水库移民安置区后期扶持绩效评估涉及经济、社会、管理等多个维度，将BSC及KPI分析方法结合，构建水库移民安置区后期扶持绩效评估指标体系；综合利用FAHP及熵权法确定各层级指标组合权重；针对水库移民安置区后期扶持绩效模糊性和不确定性特征，基于云理论，构建水库移民安置区后期扶持绩效综合评估云模型。

（3）提出了基于IPA和DEMATEL相结合的水库移民后期扶持绩效提升分析方法。

结合水库移民安置区后期扶持绩效综合评估结果，采用IPA方法，分析水库移民后期扶持绩效评价指标体系中各指标重要性程度和绩效水平状况，辨识需要进一步改善的具体绩效指标；通过DEMATEL方法，分析各绩效指标之间的相互影响关系，确定不同绩效指标改进方向；综合需改善指标及其改进方向，提出水库移民后期扶持绩效提升的途径和措施。

8.3 展望

水库移民后期扶持政策实施以来，取得了一定的成绩，在一定程度上改善了水库移民的生产生活。本书在对水库移民后期扶持增收效果评估以及安置区绩效评估的基础上，提出了水库移民后期扶持绩效提升途径和措施。但是，由于水库移民后期扶持是一项长期、系统的工程，也是涉及社会安定的复杂性工程，研究中还存在一些不足之处需要进一步完善。在今后的研究和实践中拟从以下三个方面进行进一步的探索。

（1）进一步拓展研究区域。水库移民问题是全国性的话题，现有研究的普适性存在进一步提升的空间。本书仅以河南省典型区的数据对模型和方法进行了验证。为了使研究结论更具说服力，下一步需要拓展研究区域，扩大数据规模，进一步完善水库移民后期扶持增收效果评估及绩效评估方法体系。

（2）探索多样化的绩效评估方法。本书虽然提出了基于面板数据的水库移民后期扶持增收效果评估模型以及水库移民安置区后期扶持绩效综合评估云模型，但现有关于水库移民后期扶持绩效定量评估方法的研究还不够丰富，下一步将探索多样化的水库移民后期扶持绩效评估方法。

（3）水库移民后期扶持绩效空间效应研究。水库移民后期扶持绩效存在明显的地区差异性，下一步将进一步探讨省际移民后期扶持绩效空间依赖性和异质性的问题。分析导致区域间差异性的影响因素，以及不同因素对水库移民后期扶持绩效的影响，以便根据地区情况制定差异化后期扶持政策。

附表　水库移民安置区后期扶持绩效评估定性指标打分标准

一级指标	二级指标	三级指标	分值分布	打分标准
管理绩效（A3）	人口管理（B31）	后扶人口动态管理（C311）	直补到人建档立卡完整（50分）；能核定到人的扶持人口严格实行动态管理（50分）	直补到人建档立卡缺一人扣2分，档案健全情况根据实际情况适度扣分；人口动态管理1人不及时扣2分
	项目管理（B32）	项目实施公开程度（C321）	按要求公开（30分）；项目公开充分尊重移民意愿（40分）；项目公开环节符合有关规定和要求（30分）	按项目管理要求，根据项目公开情况由专家适度扣分；充分尊重移民意愿，未尊重民意的根据项目大小，一个项目扣1～2分；项目公开符合有关规定和要求，一处不符合视其情况严重性扣1～2分
		年度计划制定和变更（C322）	年度计划制定程序和变更程序规范（100分）	程序缺失一道视其情况严重性扣5～10分，程序出现错误包括时间顺序等，一处扣2～3分
		建设管理规范程度（C323）	100分	存在项目管理问题的，每个事件按情节轻重扣2～5分，扣完为止
		移民参与和监督程度（C324）	移民参与及时性（50分）；按规定开展监督工作（50分）	未能使移民及时参与每个项目扣2分；未按规定开展监督工作的，每个项目扣2分
	资金管理（B33）	资金下达情况（C331）	及时（50分）；足额（30分）；发放程序规范（20分）	资金到达县财政至发放到移民存折，1个月以内（50分），超过1个月则每超1天扣0.3分；足额（30分），不足额（0分）；专家视其程序规范程度，一处不规范扣2～5分
		资金支出方向（C332）	比值（80分），特殊情况（20分）	按照拨付百分比乘以80，因本单位原因根据资金笔数，每笔视资金大小和滞留时间长短扣1～2分
		资金使用管理情况（C333）	100分	存在资金管理问题的，每个事件按情节轻重扣分5～10分，扣完为止；存在挤占、挪用等违规使用资金的，此项不再评分，直接扣100分

一级指标	二级指标	三级指标	分值分布	打分标准
机构能力建设绩效（A4）	组织保障（B41）	组织机构健全情况（C411）	有固定人员（专职或兼职）负责该项工作（50分），人员数量能满足工作要求（50分）	根据专家对其人员素质评定后进行打分
		职能分工明确情况（C412）	100分	专家根据人员职能分工情况酌情打分
		信息系统建设情况（C413）	项目申报、审批、备案等在信息系统中及时同步更新（30分）；项目实施和资金使用数据按时更新（40分）；信息系统各项数据填报完整准确（30分）	根据建设情况和使用维护情况酌情打分
	政策保障（B12）	政策制定与实施效果（C33）	后期扶持人口核定和动态管理制度（25分）；项目管理办法及配套制度（25分）；资金管理办法（25分）；财务规章制度（25分）	根据其制定成果每项政策加（5~10分）

参考文献

[1] 张红武.黄河流域保护和发展存在的问题与对策[J].人民黄河,2020,42(3):1-10,16.

[2] 邓轶冲.补短板强监管水利工程建设管理研究——评《水利工程建设管理》[J].人民黄河,2021,43(9):177.

[3] 陈献,尤庆国.重大水利工程在建期间对于经济增长的贡献探析[J].水利发展研究,2020,20(10):118-123.

[4] 田家乐.新疆非政府性投资水利项目投融资模式研究[D].乌鲁木齐:新疆农业大学,2013.

[5] Yan D,Wang M,Wang H,et al. Policy and Implementation of Land-based Resettlement in China(1949–2014)[J]. International Journal of Water Resources Development,2018,34(3):453-471.

[6] Shah Z,Kumar M D. In the Midst of the Large Dam Controversy:Objectives,Criteria for Assessing Large Water Storages in the Developing World[J]. Water Resources Management,2008,22(12):1799-1824.

[7] Huang L,Huang J,Wang W. The Sustainable Development Assessment of Reservoir Resettlement Based on a BP Neural Network[J]. International Journal of Environmental Research and Public Health,2018,15(1):146-161.

[8] 王美.大中型水库移民后期扶持政策实施评估研究[D].西安:西安理工大学,2017.

[9] 刘永飞,许佳君.可行性:非自愿水库移民社会整合的社会工作介入[J].西南民族大学学报(人文社会科学版),2013,34(4):45-49.

[10] 刘琴.三峡水库移民社会心理健康问题、相关因素及其干预对策研究[D].重庆:重庆医科大学,2009.

[11] 徐乘等.三门峡水库移民社会经济发展战略[M].郑州:黄河水利出版社,2000.

[12] 余文学.水利工程建设引起的社会问题及对策[J].河海大学学报（哲学社会科学版），2005，7（4）：53-56，94.

[13] Sunardi，Gunawan B，Manatunge J，et al. Livelihood Status of Resettlers Affected by the Saguling Dam Project，25 Years after Inundation[J]. International Journal of Water Resources Development，2013，29（1）：25-34.

[14] 王庆，李振华.水库移民变迁与后期扶持政策演进[J].湖北经济学院学报，2012，10（1）：82-88，124.

[15] 张森，吴壮海，吴家敏，等.云南省牟定县大中型水库移民后期扶持政策实施效果评估[J].安徽农业科学，2018，46（14）：202-205.

[16] 姜小红，陆非.大中型水库移民后期扶持"十四五"规划研究[J].水利规划与设计，2020，33（12）：5-8，79.

[17] 李晶.新疆水库工程建设征地移民安置探讨[J].水利技术监督，2020（4）：86-88，194.

[18] Wang H B. Research on Problems and Countermeasures for Urbanization of Reservoir Resettlement in Guizhou Province[C]//Advanced Materials Research. Trans Tech Publications Ltd，2015（1065）：629-633.

[19] 贺婧文.旅顺口区大中型水库移民后期扶持政策实施效果评估研究[D].大连：大连理工大学，2020.

[20] Bernardin H J，Kane J S，Ross S，et al. Performance Appraisal Design，Development，and Implementation[J]. Handbook of Human Resource Management，1995：462-493.

[21] Kane J S. The Conceptualization and Representation of Total Performance Effectiveness[J]. Human Resource Management Review，1996，6（2）：123-145.

[22] Murphy K R. Job Performance and Productivity[J]. Psychology in Organizations：Integrating Science and Practice，1990：157-176.

[23] Campbell J P. Modeling the Performance Prediction Problem in Industrial and Organizational Psychology[J]. 1990：687-732.

[24] Brumbrach.Performance Management[M]. London：The Cromwell Press，1988.

[25] 彼得·德鲁克.管理：使命、责任、实务（使命篇）[M].北京：机械工业出版社，2007.

[26] 方建.建设项目业主方组织文化、知识共享对项目绩效的影响研究[D].上海：同济

大学，2013.

[27] 范道津.公共管理视角下非经营性政府投资项目管理绩效研究[D].天津：天津大学，2007.

[28] 彼得·德鲁克.管理的实践[M].北京：机械工业出版社，2009.

[29] 哈罗德·孔茨，海因茨·韦里克.管理学（第九版）[M].北京：经济科学出版社，1993.

[30] 隗京兰，陈忠，李守志.国际工程中目标管理的应用——埃塞 TEKEZE 水电站项目案例解析[J].国际经济合作，2011，27（5）：52-56.

[31] Tuman J. Success Modeling：A Technique for Building a Winning Project Team[C]//Proceedings of Project Management Institute. 1986（1）：29-34.

[32] De Wit A. Measuring Project Success：An Illusion[C]//Proceedings of the 18th Annual Seminar/Symposium（Montreal/Canada）.1986：13-21.

[33] Ashley D B，Lurie C S，Jaselskis E J. Determinants of Construction Project Success[C]. Project Management Institute，1987.

[34] Pinto J K，Slevin D P. Critical Factors in Successful Project Implementation[J]. IEEE Transactions on Engineering Management，1987，34（1）：22-27.

[35] Wuellner W W. Project Performance Evaluation Checklist for Consulting Engineers [J]. Journal of Management in Engineering，1990，6（3）：270-281.

[36] Baccarini D. The Logical Framework Method for Defining Project Success[J]. Project Management Journal，1999，30（4）：25-32.

[37] Cooke-Davies T.The "Real" Success Factors on Projects[J]. International Journal of Project Management，2002，20（3）：185-190.

[38] Al-Tmeemy S M H M，Abdul-Rahman H，Harun Z. Future Criteria for Success of Building Projects in Malaysia[J]. International Journal of Project Management，2011，29（3）：337-348.

[39] Swan W，Khalfan M. Mutual Objective Setting for Partnering Projects in the Public Sector[J]. Engineering，2007，14（2）：119-130.

[40] Chan A P C，Yung E H K，Lam P T I，et al. Application of Delphi Method in Selection of Procurement Systems for Construction Projects[J]. Construction Management and Economics，2001，19（7）：699-718.

[41] Stawicki J，Ronggui D. Principles of Connecting East and West Culture Differences in Project Environment[C]//Proceedings of the 22 IPMA World Congress，Rome，Italy. 2008.

[42] Munns A K，Bjeirmi B F. The Role of Project Management in Achieving Project Success[J]. International Journal of Project Management，1996，14（2）：81-87.

[43] 李娜.城市水生态 PPP 项目绩效评价研究[D].郑州：华北水利水电大学，2017.

[44] 周晓迅.农村信息化建设绩效评价研究[D].长沙：湖南农业大学，2014.

[45] Bernardin H J，Beatty R W. Performance Appraisal：Assessing Human Behavior at Work [M]. Boston：Kent，1984.

[46] 彼得·德鲁克.有效的管理者[M].北京：机械工业出版社，2009.

[47] Campbell J P，McCloy R A，Oppler S H et al. A Theory of Performance[M]. San Francisco：Jossey-Bass，1993.

[48] 高娟.新时代中国政府绩效评价研究[J].中国软科学，2019，34（12）：62-71.

[49] 张付梅，卫建华，周会玲.水库非自愿移民后期扶持方式探索[J].现代农业，2013，39（9）：67.DOI：10.14070/j.cnki.15-1098.2013.09.018.

[50] 杨晓俊.关于推进水库移民后期扶持资金集中安排使用的几点思考[J].山西水利，2019，35（10）：44-45.

[51] 黄洪坤，赖欢，于婧，等.水库移民对后期扶持政策的满意度及其影响因素分析——基于南昌市调研数据[J].新疆农垦经济，2015，35（2）：1-6.

[52] 熊艳，樊连生，黄诗颖.互联网背景下移民后期扶持监测评估创新探讨[J].人民长江，2016，47（19）：115-117.DOI：10.16232/j.cnki.1001-4179.2016.19.023.

[53] 金晶，李桂林，庞亚威，等.江苏省大中型水库移民后期扶持项目监测评估方法研究[J].水利经济，2018，36（6）：66-70.

[54] Huang L，Huang J，Wang W. The Sustainable Development Assessment of Reservoir Resettlement Based on a BP Neural Network[J]. International Journal of Environmental Research and Public Health，2018，15（1）：146.

[55] Wang X，Liu X. Case Study on Later-stage Supporting Project Management for Reservoir Resettlement. Taking Suining City，Sichuan Province as an Example[C]//3rd International Conference on Economics，Management，Law and Education （EMLE 2017）. Atlantis Press，2017：403-408.

[56] 练丽莉.水库移民后期扶持措施探讨[J].管理学家，2021（11）：85-87.

[57] He K, Zhang J, Zeng Y. Knowledge Domain and Emerging Trends of Agricultural Waste Management in the Field of Social Science：A Scientometric Review[J]. Science of the Total Environment，2019（670）：236-244.

[58] Li X, Zhang R, Yin Y, et al. Reviewing Global Relational Governance Research from 2002 to 2020[J]. Journal of Business-to-Business Marketing，2021，28（4）：421-439.

[59] 李孝林，尹贻林，柯洪，等.中国股权激励研究演进路径、热点与前沿分析[J].重庆大学学报（社会科学版），2022，28（2）：94-107.

[60] 陈悦，陈超美，刘则渊，等. CiteSpace知识图谱的方法论功能[J].科学学研究，2015，33（2）：242-253.DOI：10.16192/j.cnki.1003-2053.2015.02.009.

[61] 张磊，伏绍宏.移民再嵌入与后扶贫时代搬迁社区治理[J].农村经济，2021，39（9）：17-25.

[62] Junhao Z, Caihong X. Measurement on Coordination Degree Between Migrants' Population Development and Resource and Environment of Three Gorges Reservoir Area：An Empirical Study Based on Hubei Reservoir Area[J]. Innovation and Management，2016：1330.

[63] 蒲德祥，霍慧芳.数字经济研究的热点、趋势与展望[J].统计与决策，2021，37（15）：9-13.DOI：10.13546/j.cnki.tjyjc.2021.15.002.

[64] Wang Z, Ma D, Pang R, et al. Research Progress and Development Trend of Social Media Big Data（SMBD）：Knowledge Mapping Analysis Based on CiteSpace[J]. ISPRS International Journal of Geo-Information，2020，9（11）：632.

[65] Li X, Yin Y, Zhang R. Examining the Impact of Relationship-related and Processrelated Factors on Project Success：The Paradigm of Stimulus-organism-response[J]. Journal of Asian Architecture and Building Engineering，2022，21（1）：93-109.

[66] Chen P, Tian Y. Analysis of Research Hot Spot and Trends of Bioinformatics Based on Cite Space[J]. Nanoscience and Nanotechnology Letters，2018，10（11）：1532-1540.

[67] Chen C, Chen Y, Hou J. CiteSpace II：Identification and Visualization of New

Trends and New Dynamics in Scientific Literature[J]. Journal of the China Society for Scientific and Technical Information, 2009(3): 406-407.

[68] 吴丰华, 于重阳.易地移民搬迁的历史演进与理论逻辑[J].西北大学学报（哲学社会科学版）, 2018, 48(5): 112-120. DOI: 10.16152/j.cnki.xdxbsk.2018-05-012.

[69] 程珊珊, 姚丽.东平湖蓄滞洪区移民经济可持续发展的思考[J].中国水利, 2020, 71(12): 10-12.

[70] 高佩佩.刘家峡水库移民生活现状及其伦理关怀问题研究[D].兰州：西北民族大学, 2019.

[71] 胡君杰, 朱宏宇, 何仕强.乡村振兴战略背景下云南库区移民后期扶持发展[J].云南水力发电, 2020, 36(8): 26-29.DOI: 10.3969/j.issn.1006-3951.2020.08.006.

[72] 赵元科, 杨涛.产业发展、社会融合与农村搬迁移民就业质量——基于对河南省农村搬迁移民的实证调查[J].中国农村水利水电, 2020.

[73] 王韬, 胡勇.大中型水库移民后期扶持方式的实践与探索——以重庆市长寿区为例[J].人民长江, 2018, 49(12): 107-110.DOI: 10.16232/j.cnki.1001-4179.2018.12.020.

[74] 江小青, 徐会显, 周晖.三峡库区开县农村移民生活安置效果评价[J].人民长江, 2021, 52(1): 218-223.

[75] 蒋越.水库移民安置区美丽家园建设实施效果探究[J].水电站机电技术, 2021, 44(3): 89-91, 106.

[76] 苑鹏飞.基于改进可拓模型的水库移民后期扶持效果综合评价[D].北京：华北电力大学, 2021.DOI: 10.27140/d.cnki.ghbbu.2021.000567.

[77] 杜瑞芳, 姚凯文.基于BP神经网络模型的水库移民后期扶持效果风险评价[J].水电能源科学, 2014, 32(1): 153-156.

[78] 焦红波, 杨旋旋.新时期大中型水库移民后扶工作的新问题及建议[J].华北水利水电大学学报（社会科学版）, 2019, 35(1): 39-42.

[79] Guang Bo L, Ding Bo Z, ShanYu C, et al. Research on Influencing Factors between Post-relocation Support Policy And Sustainable Livelihood Results[C]//IOP Conference Series: Earth and Environmental Science. IOP Publishing, 2021, 821(1): 012002.

[80] 孙良顺.水库移民社区发展的结构性风险及其治理[J].郑州大学学报（哲学社会科

学版），2021，54（3）：61-66.

[81] 文岩.水库移民后期扶持管理存在问题与加强管理的措施[J].农业科技与信息，2020，37（20）：123-124.

[82] 田亮，黄翠娜，付振兴.宝鸡市凤翔区水库移民后期扶持产业开发项目管理[J].广西水利水电，2021，50（4）：116-118+121.

[83] 姜事呈，周鹏，李红.大中型水库后期扶持项目管理[J].电网与清洁能源，2015，31（9）：93-95，99.DOI：10.3969/j.issn.1674-3814.2015.09.018.

[84] 王韬，陈重霖.大中型水库移民后期扶持项目建立标准化管理体系探讨[J].科技创新与应用，2017，7（8）：196.

[85] 朱夏芬.水库移民项目管理问题分析与对策探讨[J].浙江农业科学，2016，57（5）：758-759，764.DOI：10.16178/j.issn.0528-9017.20160545.

[86] 孙良顺.水库移民社区发展中的精准扶贫：从形式合理性到实质合理性[J].河海大学学报（哲学社会科学版），2017，19（3）：76-80.DOI：10.3876/j.issn.16714970.2017.03.013.

[87] 孙海兵，赵旭.水利水电工程征地对水库移民幸福感影响研究[J].水力发电，2016，42（11）：12-15.DOI：10.3969/j.issn.0559-9342.2016.11.004.

[88] 潘尚兴，李彦强，刘卓颖.新时期水库移民监督检查工作实践与探索[J].水利经济，2020，38（5）：59-62.DOI：10.3880/j.issn.1003-9511.2020.05.012.

[89] 杨月，吕龙，王玲玲，等.我国建筑垃圾处理研究进展与趋势——基于Citespace可视化分析[J].再生资源与循环经济，2021，14（11）：15-20.

[90] 张海军.浅谈水库移民后期扶持政策的发展与完善[J].贵州水力发电，2004，18（2）：29-31.DOI：10.3969/j.issn.1007-0133.2004.02.008.

[91] 孙良顺.水库移民后期扶持政策的演进过程与扶贫取向[J].求索，2019，40（3）：97-103.

[92] 姜茫，陈弥.大中型水库移民后期扶持政策实施效果分析——以遂宁市为例[J].北方经济，2013，21（22）：70-71+74.

[93] 周双磊.基于CiteSpace的水库移民研究轨迹与趋势[J].三峡大学学报（人文社会科学版），2021，43（6）：56-63.

[94] 孙菱，唐蒙，丁环艳，等.大中型水电工程移民国内研究综述[J].技术与市场，2015，22（12）：352-354.

[95] 朱运亮.新形势下提高水库移民安置规划质量措施研究[J].水利规划与设计,
2022,35(1):23-25,53.

[96] 聂致文.水库移民后期扶持项目管理模式的创新研究[D].武汉:武汉工程大学,
2019. DOI:10.27727/d.cnki.gwhxc.2019.000238.

[97] 杨旋旋.大中型水库移民后期扶持绩效评价研究[D].郑州:华北水利水电大学,
2019.

[98] Iqbal M Z,Akbar S,Budhwar P,et al. Effectiveness of Performance Appraisal:
Evidence on the Utilization Criteria[J]. Journal of Business Research,2019(101):
285-299.

[99] Pollitt C. Performance Management 40 Years on:A Review. Some Key Decisions and
Consequences[J]. Public Money and Management,2018,38(3):167-174.

[100] 凌涛.管理会计中Excel的巧解应用——模糊综合评价法与平衡计分卡[J].全国流
通经济,2018,33(7):88-90.

[101] 阮晓明.面向酒店平衡计分卡的KPI指标体系构建——以希尔顿酒店为例[J].商
场现代化,2010,39(4):71-73.

[102] 李德毅,孟海军,史雪梅.隶属云和隶属云发生器[J].计算机研究与发展,1995,
32(6):15-20.

[103] Li D,Cheung D,Shi X,et al. Uncertainty Reasoning Based on Cloud Models in
Controllers[J]. Computers & Mathematics with Applications,1998,35(3):99-
123.

[104] Wang Yuncheng. Construction and Simulation of Performance Evaluation Index
System of Internet of Things Based on Cloud Model[J]. Computer Communications,
2020(153):177-187.

[105] Lou S,Feng Y,Li Z,et al. An Integrated Decision-making Method for Product
Design Scheme Evaluation Based on Cloud Model and EEG Data[J]. Advanced
Engineering Informatics,2020(43):101028.

[106] Song W,Zhu J. A Multistage Risk Decision Making Method for Normal Cloud
Model Considering Behavior Characteristics[J]. Applied Soft Computing,2019(78):
393-406.

[107] 丁荣贵,张体勤.基于系统式思维的项目绩效管理[J].东岳论丛,2005,26(3):

156-160.

[108] Prasanta Kumar Dey. Process Re-engineering for Effective Implementation of Projects[J]. International Journal of Project Management，1999，17（3）：147-159.

[109] Elizabeth Barber. Benchmarking the Management of Projects：a Review of Current Thinking[J]. International Journal of Project Management，2004，22（4）：301-307.

[110] 童宇鹏.标杆管理对公共项目管理绩效的改善研究[D].天津：天津理工大学，2006.

[111] Steven Male，John Kelly，Marcus Gronqvist，et al. Managing Value as a Management Style for Projects[J]. International Journal of Project Management，2007，25（2）：107-114.

[112] E Westerveld. The Project Excellence Model：Linking Success Criteria and Critical Success Factors[J]. International Journal of Project Management，2003，21（6）：411-418.

[113] 刘晓君，张宏.基于BOT与TOT的基础设施项目融资模式——TBT[J].西安建筑科技大学学报（自然科学版），2004，36（1）：94-97.

[114] Li Bing，A Akintoye，P J Edwards，C Hardcastle. The Allocation of Risk in PPP/PFI Construction Projects in the UK[J]. International Journal of Project Management，2005，23（1）：25-35.

[115] Robert L K Tiong，Jahidul Alum.Evaluation of Proposals for BOT Projects[J]. International Journal of Project Management，1997，15（2）：67-72.

[116] 严玲，邵莹莹，严敏.基于项目所有权配置下风险分担的代建取费机制[J].水利水电技术，2007，38（9）：65-70.

[117] 温煜华.基于修正IPA方法的温泉游客满意度研究——以甘肃温泉旅游景区为例[J].干旱区资源与环境，2018，32（5）：196-201.

[118] 王新月，秦华.基于Fuzzy-IPA的西南大学校园植物景观满意度测评研究[J].西南大学学报（自然科学版），2018，40（3）：174-180.

[119] Moisl D. Importance-Performance-Analysis as A Module for Management-Oriented and Development-Oriented Evaluation of Social Services[J]. Zeitschrift Fur Evaluation，2011，10（1）：69-97.

[120] Lee Y C，Hsieh Y F. Integration of Revised Simultaneous Importance Performance

Analysis and Decision Making Trial and Evaluation Laboratory：A Study of the Mobile Telecommunication Industry In Taiwan[J]. African Journal of Business Management，2011，5（6）：2312-2321.

[121] 田泽，潘晶晶，任芳容. 基于 DEA 的长江经济带省际水电能源效率评价及提升方向 [J]. 水利经济，2020，38（4）：1-7，81.

[122] 高铁梅.计量经济分析方法与建模：EViews应用及实例[M].北京：清华大学出版社，2006.

[123] Van D H S，De O S J，Kampmann M L，et al. Comparison of Manual and Automated AmpliSeq？Workflows in the Typing of a Somali Population with the Precision ID Identity Panel[J]. Forensic Science International-Genetics，2017（31）：118-125.

[124] Fort R. Land Inequality and Economic Growth：a Dynamic Panel Data Approach[J]. Agricultural Economics，2010，37（2-3）：159-165.

[125] Coates D，Heckelmanb J C. The Political Economy of Investment：Sclerotic Effects from Interest Groups[J]. European Journal of Political Economy，2010，26（2）：208-221.

[126] 温煜华.基于修正IPA方法的温泉游客满意度研究——以甘肃温泉旅游景区为例[J].干旱区资源与环境，2018，32（5）：196-201.

[127] 王新月，秦华.基于Fuzzy-IPA的西南大学校园植物景观满意度测评研究 [J].西南大学学报（自然科学版），2018，40（3）：174-180.

[128] Moisl D. Importance-Performance-Analysis as A Module for Management-Oriented and Development-Oriented Evaluation of Social Services[J]. Zeitschrift Fur Evaluation，2011，10（1）：69-97.

[129] Lee Y C，Hsieh Y F. Integration of Revised Simultaneous Importance Performance Analysis and Decision Making Trial and Evaluation Laboratory：A Study of the Mobile Telecommunication Industry In Taiwan[J]. African Journal of Business Management，2011，5（6）：2312-2321.

[130] 罗周全，程鹏毅.基于DEMATEL-ISM的地下金属矿山人机系统事故影响因素分析[J].中国安全生产科学技术，2017，13（12）：145-151.

[131] Quezada L E，Lopez O H A，Palominos P I. Identifying Causal Relationships

in Strategy Maps Using ANP and DEMATEL[J]. Computers and Industrial Engineering，2018（118）：170-179.

[132] Ding X F，Liu H C. A 2-Dimension Uncertain Linguistic DEMATEL Method for Identifying Critical Success Factors in Emergency Management[J]. Applied Soft Computing，2018（71）：386-395.

[133] 熊德斌，张萌.长江经济带粮食产量的时空特征及影响因素分析——基于1990—2015年11个省市面板数据的实证研究[J].新疆农垦经济，2018，309（11）：25-32.

[134] 张占仓，于英超.城镇化对国家粮食安全的影响——基于31个省份面板数据的实证分析[J].粮食科技与经济，2015，40（2）：12-15.

[135] 魏君英，张业文，吴兆军.我国粮食零售价格指数与城镇居民消费价格指数关系的实证研究[J].长江大学学报（自科版），2014，11（17）：61-65.

[136] 王柏杰，何炼成，郭立宏.房地产价格、财富与居民消费效应——来自中国省际面板数据的证据[J].经济学家，2011，23（5）：57-65.

[137] 王保乾，张恒远，罗伟峰.我国农业水利工程运营绩效评价研究——基于省际面板数据[J].水利经济，2019，37（2）：59-66，88.

[138] 蔡成瑞，舒帮荣，朱慧，等.顾及区域异质性驱动的土地利用变化模拟模型研究[J].中国土地科学，2020，34（11）：38-47.

[139] 段忠贤，黄其松.要素禀赋、制度质量与区域贫困治理——基于中国省际面板数据的实证研究[J].公共管理学报，2017，14（3）：144-153，160.

[140] Frede J，Yetkiner H. The Regional Trade Dynamics of Turkey：a Panel Data Gravity Model[J]. Journal of International Trade and Economic Development，2017，26（6）：1-16.

[141] 涂智苹.新型城镇化建设中基础设施融资问题研究——来自中国省际面板数据的实证分析[J].东莞理工学院学报，2017，24（6）：44-48.

[142] Manwa F，Wijeweera A. Trade Liberalisation and Economic Growth Link：The Case of Southern African Custom Union Countries[J]. Economic Analysis and Policy，2016（51）：12-21.

[143] Clark S. Son Preference and Sex Composition of Children：Evidence from India[J]. Demography，2000，37（1）：95-108.

[144] Schmitz M，Leininger S，Fan J，et al. Preparation and Solid-State Properties of

Self-Assembled Dinuclear Platinum（Ⅱ）and Palladium（Ⅱ）Rhomboids from Carbon and Silicon Tectons[J]. Organometallics，1999，18（23）：4817-4824.

[145] Xu A T，Liu B. Empirical Research of the Impact of Trade Opening on Informal Employment Scale：Based on the Provincial Panel Data Evidence from China[J]. Journal of Business Economics，2014，1（6）：86-96.

[146] 樊欢欢，张凌云. EViews统计分析与应用[M].北京：机械工业出版社，2009.

[147] 张冲，王学义，孙炜红.农村人口老龄化对居民医疗保健消费的影响——基于中国2002—2012年的省级面板数据[J].财经论丛，2015，31（1）：32-38.

[148] Haas R D，Lelyveld I V. Foreign Banks and Credit Stability in Central and Eastern Europe. A Panel Data Analysis[J]. Journal of Banking and Finance，2006，30（7）：1927-1952.

[149] Gouveia M D C，Neves E D，Dias L C，et al. Performance Evaluation of Portuguese Mutual Fund Portfolios Using the Value-based DEA Method[J]. Journal of the Operational Research Society，2017（3）：1-13.

[150] Schmiedeberg C，Schröder J. Leisure Activities and Life Satisfaction：an Analysis with German Panel Data[J]. Applied Research in Quality of Life，2017，12（1）：137-151.

[151] 陈春良，易君健.收入差距与刑事犯罪：基于中国省级面板数据的经验研究[J].世界经济，2009，32（1）：13-25.

[152] 朱红伟，陈江海，逢勇.基于层次分析法的河湖治理工程绩效评估体系构建及应用[C].第六届中国水生态大会，南京，2018.

[153] Javanbarg M B，Scawthorn C，Kiyono J. Fuzzy AHP-Based Multicriteria Decision Making Systems Using Particle Swarm Optimization[J]. Expert Systems with Applications，2012，39（1）：960-966.

[154] Lee S. Determination of Priority Weights Under Multiattribute Decision-Making Situations：AHP Versus Fuzzy AHP[J]. Journal of Construction Engineering and Management，2015，141（2）：1-13.

[155] 丁璇，孔超.基于AHP+熵权法的馆配商服务评价及实证研究[J].出版发行研究，2015，31（8）：98-102.

[156] He Y，Guo H，Jin M. A Linguistic Entropy Weight Method and Its Application in

Linguistic Multi-Attribute Group Decision Making[J]. Nonlinear Dynamics，2016，84（1）：399-404.

[157] Ye J. Multicriteria Fuzzy Decision-Making Method Using Entropy Weights-Based Correlation Coefficients of Interval-Valued Intuitionistic Fuzzy Sets[J]. Applied Mathematical Modelling，2010，34（12）：3864-7380.

[158] 熊伟.图书馆全面社会价值评估的逻辑模型与标准化测度公式[J].国家图书馆学刊，2012，21（2）：37-43.